일본의 사소설私小說

차례
Contents

현실과 허구의 경계를 지우는 픽션

　일본 문학의 특수성을 논할 때 반드시 등장하는 것이 일본의 사소설私小說이다. 1920년 9월 『중앙공론』에 발표된 우노 고지(宇野浩二)가 쓴 『시시한 세상이야기甘き世の話』의 다음과 같은 구절은 일본의 독특한 문학 장르인 사소설의 성격을 정확히 파악한 것이다.

　근래 일본 소설계의 일부에 이상한 현상이 있다는 것을 현명한 여러분은 알고 있을 것이다. 무턱대고 '나'라는 영문을 모르는 인물이 나오고 그 사람의 용모는 물론 직업도 성격도 일체 설명되지 않는다. 소설 속에는 어떤 내용이 쓰여 있는가 하면, 묘한 감상 같은 것만 나열되어 있다. 주의해서 보면, 아무래도 그 소설을 쓴 작가 자신이 바로 그 '나'인 듯하다. 대체로 그렇게 정해져 있는 것이다. 그러므로 '나'의 직업은 소설가이다. 그리고 '나'라고 쓰면 소설의 지은이를 가리키는 것이 되는 식의 희한한 현상을 독자도 작가도 전혀 의심하지 않는다. 소설가를 주인공으로 쓰는 일도 '나'를 주인공으로 삼는 일도 다 배척해야 할 사항은 아니지만, 그로 인해 소설의 주인공인 '나'가 모두 작가 자신이고, 따라서 그 소설을 모두가 다 실제로 일어난 사건처럼 독자가 어느새 생각하게 된 것은 한심스러운 일이다.

1920년, 작중에 '나'라는 인물이 등장하기만 하면 그 '나'는 작품을 쓴 작가와 동일한 소설가이고, 그 소설의 이야기는 전부 실제 사건인 것처럼 오해받는 풍조가 일반화되었다는 사실은 주목할 만한 점이다. 이러한 현상에 대해 이토 세이(伊藤整)는 "편집자가 '작중의 주인공은 작가 자신임을 양해해 주기 바란다'는 단서를 표제 밑에 써야 함을 잊고 있는 점이 실로 유감스럽다."라고 비꼬는 투로 말했다. 이와 똑같은 현상이 1907년 다야마 가타이의 『이불』이래 많은 자연주의 작가의 작품에도 나타났다는 사실은 사소설이 하나의 움직일 수 없는 문학 전통으로 자리 잡고 있음을 말해 준다.

일본의 근대문학은 수세기에 걸친 유럽 문학의 역사를 짧은 시간에 소화해야 했기 때문에 단기간에 많은 문예사조의 성쇠가 이루어지는 것이 불가피했다. 이러한 복잡한 문예사조의 변천 속에서 일본 사소설은 생명을 연장시켜 오늘에 이르고 있다. 일본근대문학을 관류貫流하는 내적 논리를 조명하려 할 때 사소설의 전통을 무시하고는 아무것도 논할 수 없는 까닭이 여기에 있다. 일본 근대 문학을 가장 잘 비판한 대표적인 논문인 고바야시 히데오(小林秀雄)의 「사소설론」(1935), 나카무라 미쓰오(中村光夫)의 「풍속소설론」(1950), 이토 세이의 「소설의 방법」(1970)과 같은 장대한 논문도 사소설에 관한 주도면밀한 이론적 반성을 주축으로 삼고 있다. 근대 일본 문학사론으로서 생각할 수 있는 이론적 전개는 거의 다 여기에서 시작되었다고 해도 좋을 것이다. 일본 문학을 논할 때 사소설을 빼 놓을 수 없고 그 사소설적 전통을 중심으로 현대문학을 전망하는 작업은 필수불가결하다.

'사소설'이라는 명칭에서의 사私는 일본어로 '와타쿠시'로 읽힌다. '와타쿠시'는 1인칭인 '나'를 의미한다. 즉, '와타쿠시소설'이라고 하는 명칭에서는 '1인칭 형식의 화자'의 의미가 강조된다. 그러나 반드시 1인칭이 이 장르를 규정하는 것은 아니다. 사소설은 일반적으로 작가가 자신의 사생활을 거의 허구를 섞지 않고 충실하게 재현한 자전적인 산문작품이라고 할 수 있다.

사소설은 20세기 초두 일본 자연주의를 모체로 성립한 문학 장르이다. 일본 자연주의는 유럽자연주의를 모범으로 하고 진실의 충실한 재현과 노골적인 묘사를 선전문구로 했다. 서구자연주의는 추악한 사회현실을 숨기지 않고 있는 그대로 그리는 문예사조이다. 그러나 일본 자연주의에서는 가치관을 배제한 무조건적인 현실묘사가 있는 그대로의 자기를 표출하는 것이라는 방향으로 독특하게 해석되었다. 서구자연주의가 사회와의 관계 속에서 타인과 개인을 포착한다면 일본 자연주의는 사회와 차단된 좁은 공간에서 작가의 사생활만을 그린다. 그러므로 일본 자연주의는 정치에 대해서는 철저하게 무관심했다. 문학의 대상은 사생활이었고, 자연주의 조류의 고백문학이 유입됨에 따라 장르로서의 사소설이 성립되었다. 고백문학의 미적 가치는 '어느 정도 솔직하게 고백했나'에 따라 측정되었다.

일본의 사소설은 픽션을 전제로 하는 서양의 소설과는 완전히 다른 소설의 개념에서 성립되었다. 사소설은 일본문학사에서도, 해외의 일본문학연구가에게도 근대일본이 만들어 낸 독특한 문학형태라 여겨진다. 특히 서양연구가들은 서양에서 볼 수 없는 독특한 문학형태가 어떻게 해서 태어나고 뿌리 깊게 살아남고 있는가에 대해 의아해 한다. 때문에 근대 일본의 리얼리즘은 일본문학의 특수성이라는 관점에서 일본 및 세계의 많은 평론가들에 의해 논의되어 왔다. 이러한 사소설은 일본문학, 문화, 전통, 사회구조 속에서 해명되어야 한다.

자신의 사생활을 충실하게 그린 고백소설은 일반적인 문학양식이므로 일본문학만이 가진 특별한 것은 아니다. 그럼에도 불구하고 왜 많은 연구가들 및 일본에 관심을 갖는 사람들이 사소설에 주목하는가? 이는 사소설이 다른 어떤 나라에서도 찾아볼 수 없는 독특한 문학 형태를 취하기 때문이다. 일본 사소설은 독일의 이히 로망Ich Roman, 프랑스의 로망 페르소넬, 영국의 자전소설이나 참회록과도 다른, 일본만이 가진 독특한 문학 형식이다.

책을 쓴 작가와 작품세계의 주인공을 동일인물로 읽는다는 점에서 사소설과 자서전은 같다고 할 수 있다. 그러나 사소설은 픽션이 전제가 되고 자서전은 사실을 근거로 서술된다. 자서전에는 책을 쓴 작가와 주인공이 동일인물이라는 것이 책머리에 명시되어 있지만 사소설에서는 이러한 전제가 없다. 이러한 점에서 자서전과 사소설을 구별할 수 있다.

일반적으로 소설은 픽션fiction을 전제로 한다. 독자들은 소설을 읽을 때 허구를 전제로 하고 읽는다. 소설이 거짓말이라는 것은 작가와 독자 사이의 암묵적인 전제이자 약속이다. 다시 말해, 작가가 자신의 이야기를 썼다고 해도 독자들은 그것이 자서전이지 않으면 픽션으로 생각하고 읽는다. 소설을 읽을 때 작가를 소설로부터 배제시키는 것이 일반적인 소설읽기 방법인데, 일본 사소설을 읽는 독자들은 끊임없이 작가를 소설 속에서 주인공과 일치시켜서 읽는다. 이것은 일본 사소설만의 독특한 읽기 방법이다. 즉, 사소설은 '소설은 픽션'이라는 개념을 전도시켜버렸고, 사소설 독자는 '소설은 픽션이 아니라 사실'이라는 새로운 소설의 패러다임을 만들었다.

현실과 허구의 경계를 지우는 픽션의 등장은 사소설 작가들로 하여금 현실과 허구를 착각하게 만들었다. 사소설 작가는 현실을 글로 옮기면 그대로 소설이 된다고 생각했지만, 현실을 '있는 그대로' 글로 옮길 수 있다는 것은 그들의 착각이다. 쥬네트에 의하면 언어가 완전히 모방할 수 있는 것은 사물이 아니며 그 언어와 동일한 언어뿐이다. 완전한 모방은 소설이 아니라 사물 그 자체이고, 모방이 가능하다 해도 그것은 불완전한 모방이 될 수밖에 없다. 완전한 모방이라는 개념 자체가 망상이고 소설에 있어서 완전한 모방이란 있을 수 없는 것이다. 그러나 일본의 리얼리즘과 자연주의에 의해 '현실 그대로의 완전한 재현은 가능하다'는 인식이 형성되었기에 일본의 사소설이라는 장르는 만들어질 수 있었다.

유명한 사소설의 대부분의 소재는 작가자신이 경험한 실제 생활이었다. 다야마 가타이(田山花袋, 1871~1930)의 『이불』은 가타이의 집에 기숙한 여제자에 대한 애욕이, 시마자키 도손(島崎藤村, 1872~1943)의 『신생』은 도손이 조카를 임신시키고 프랑스로 도피한 도손 자신의 경험을, 다자이 오사무(太宰治, 1909~1948)의 『인간실격』 『사양』 등의 작품은 명문가에서 의절당한 아들, 술과 코카인에 중독, 잇따른 여성들과의 연애와 자살미수로 점철되다가 결국 자살한 그의 생을 그린 것이다. 그들의 일상생활은 결코 행복하다고 할 수 없었다. 평범한 일상생활에서 그들은 소설의 소재를 구할 수 없었기에 일부러라도 비일상적인 현실을 만들 수밖에 없었기 때문이다. 그런 작가의 비일상성의 연출이 사소설의 재료가 된 것이다.

있는 그대로의 환상

모방의 현실묘사방법이 사소설을 탄생시키다

비언어적인 것을 어떻게 언어적인 것으로 바꿀 수 있을까? 현실을 어떻게 언어로 표상할 수 있을까? 이처럼 '소설을 어떤 방법으로 쓸까'를 논하는 것이 묘사방법이다. 미메시스 mimesis는 플라톤이 제기하고 아리스토텔레스에 의해 완성을 본 문학이론의 근저에 있는 현실묘사방법으로, 현실을 반영하는 리얼리즘론이다. 플라톤은 예술가가 "한편으로 사람들에게 실재 형상을 보여주면서 다른 한편으로 사람들에게 환상을 가지게 한다."고 했다. 동시에 그는 예술가를 "한편으로는 실재 인식에 관련되어 있으나 또 다른 한편으로는 자기 마음대로 실재를 왜곡하는" 모방자로 인식했다. 플라톤은 예술가의 성격이 본질적으로 이중적이라고 생각했으므로 모방자인 예술가를 평가하지 않았다. 이후 이론가들은 이와 다르게 예술가를 실재 형상을 충실하게 그려내는 거울 역할을 하는 것으로 긍정적으로 평가하였다. 플라톤이 "예술창조의 원리는 모방"이라 말한 이래 모방은 문예창작의 기본적인 원리로 간주되어 반복적으로 논의되어 왔다.

예술가는 현실을 직접 마주하는 것이 아니고 어떤 사회적 세력 구도 안에서 현실을 재구성한다. 예술가의 재구성을 통해 독자들은 우리들이 처해 있는 현실을 분명하게 볼 수 있고, 이러한 재구성은 당대의 언어와 스타일의 특징에 의존한다. 위대한 예술가는 당대의 언어습관과 스타일을 초월하나, 그 초월은 당대의 관습 위에서 가능하다.

한 시대의 삶의 방식은 오랜 세월을 거쳐 만들어진 것이고 한 시대의 스타일은 마음대로 만들어지지 않는다. 그럼에도 불구하고 예술가는 이런 시대적 제약을 뛰어넘고자 한다. 그들은 기존 현실 속에서 그것을 발판으로 새로운 현실을 창조하려 한다. 즉, 문학은 언어 문맥과 역사 사회적 맥락을 중시하고 문학적 재현과 모방을 가지고 현실을 해석하는 일이다.

문학에 대한 현실 묘사방법은 모방론에 의존한다. 랜섬은 모방론이 그리스 미학의 토대였고, 또한 미학을 위한 최상의 토대였다고 말한다. 현실의 모방적 재현은 텍스트와 현실 사이에 놓인 필연적인 관계를 인정하는 서구비평이론의 창시자인 플라톤과 아리스토텔레스의 수사법에서 연유된 것이다. 플라톤과 아리스토텔레스는 텍스트와 현실인식에서 오는 커다란 함정을 파 놓았는지도 모른다. 두 철학자는 문학은 모방적인 것이라 하며 오직 모방의 구성요소만을 분석했다. 두 사람은 자신들의 가설로 인해 환상을 잘 인식했으나 그와 동시에 그것을 비난하였다. 아리스토텔레스는 사건과 인물의 개연성을 가지고 문학을 판단하고 환상적 장치를 사용한 연극보다 사실주의 연극을 바람직한 것으로 취급하였다. 또한 플라톤은 자신의 주장을 명백하게 하기 위해 환상적인 신화를 사용했지만 그 역시 문학의 모방성을 강조했다.

'현실의 모든 것을 있는 그대로 묘사한다'는 모방의 묘사방법은 드디어 일본의 리얼리즘 문학에서도 '있는 그대로'라는 착각을 만들어 내었다. 그리고 이러한 묘사방법이 사소설을 탄생시켰다.

서구 자연주의소설에서 일본 자연주의소설로

역사적 개념에서 보면 유럽, 특히 프랑스의 문예사조는 고전주의-낭만주의-리얼리즘-자연주의의 순서로 발전해 왔다. 유럽에서 발생한 리얼리즘Realism은 현실을 도피하거나 미화·이상화하는 낭만주의에 대립하는 형태로 나타났다. 리얼리즘은 현실을 존중하고 주관에 의한 개혁이 아닌, 있는 그대로의 현실을 묘사하는 방법이었다. 근대소설의 경우 비현실적인 것의 배제는 실증주의와 과학의 발달에 관련이 있다. 리얼리즘 다음에 나타난 자연주의는 과학적 정신에 입각해 사실적인 자료를 중시했다. 특히 자연주의 소설가들은 실증주의에 바탕을 둔 과학을 중시했다. 그들은 인간이 철저하게 '유전'과 '환경'에 의해 지배된다고 생각했다. 자연주의 문학은 인간의 사실적인 삶을 존중하고 평범한 서민의 생활현상을 소설의 중심테마로 하면서 냉혹한 현실을 보여 주려 했다.

19세기 말에 등장한 자연주의는 여러 나라의 다양한 사회적, 문화적인 토대에 따라 여러 형태로 나타난다. 자연주의는 특히 19세기 말에서 20세기 초에 근대문학을 확립한 문화권에서 중요한 의미를 가진다.

일본의 경우를 보면 광의의 사실주의는 메이지 10년(1877) 말에 나타났고, 메이지 40년(1907) 전후에는 자연주의가 주류가 되었다. 일본의 자연주의는 서구 자연주의의 독특한 해석에 의해 일본 독자의 것으로 발전해 간다. 대표적인 자연주의 작가 다야마 가타이와 시마자키 도손은 내면의 욕망에 충실하고 자신의 사생활만을 문제시하며 어디까지나 자신에게 진실한 것만을 쓰려 했다. 따라서 많은 자연주의 소설은 성욕과 본능에 충실한 인간을 그리는 데 몰두하고 적극적인 사회비판은 보이지 않는다. 결국 일본 자연주의는 주인공의 내면과 본능을 고백하거나 평범한 인생을 묘사하는 방법을 택하게 되었다. 일본에서 전자는 작가의 내면을 토로해가는 고백소설로, 후자는 인생의 어떤 사실을 충실하게 쓰는 객관소설의 두 종

류로 발전해 나간다.

　일본의 자연주의, 즉 다야마 가타이의 『이불』을 비롯해 이와노 호메이(岩野泡鳴, 1873~1920) 등의 작품에서는 사회와의 관계 속에서 싸우지 않고, 밀폐된 방에서 고뇌하는 인간이 그려진다. 즉, 일본에서는 현실을 그리는 리얼리즘 소설이 아닌, 사생활을 제재로 하면서 내면을 그리는 고백소설로 발전한다. 더불어 일본 자연주의는 자신의 추악한 일면을 정직하게 고백하고 인간성의 진실에 충실하려 하는 사소설로 발전한다.

　한편 자연주의 소설은 한국에 들어오면, 개인의 어두운 내면세계를 고백하는 소설과 식민지시대의 어려운 생활상을 그리는 두 종류의 소설로 나타난다. 전자는 개인의 내면을 부각시키는 고백소설, 후자는 사회성이 강하게 나타난 리얼리즘 소설이다. 한국에서 처음으로 서구 자연주의 및 일본 자연주의를 받아들인 김동인은 내면을 드러내는 고백소설을 썼다. 그는 「감자」에서 식민지라는 당시의 빈곤한 시대상황을 객관적으로 그리는 작품세계에 도달하게 된다. 「감자」 이후 김동인은 내면이 전혀 들어가지 않는 사회성이 강한 리얼리즘 소설을 써 나간다. 한국에서는 사생활을 그린 사소설은 거의 등장하지 않았고, 현실을 그린 리얼리즘 소설이 나타난다. 즉, 한국에서의 자연주의 및 리얼리즘은 개인이 어두운 내면세계를 그리는 고백소설에서 사회현실을 리얼하게 그리는 리얼리즘 소설로 변해가는 것이다.

한·일의 근대는 자신의 내면을 적나라하게 고백하는 고백소설에서 시작되었다고 할 수 있다. 근대적 고백의 기원이 된 루소의 『고백』 서두에는 "당신에게 보인 그대로 나의 내부를 열어보였습니다. 영원의 존재여, 나의 고백을 그들이 듣는 편이 좋습니다."라고 씌어 있다. 즉, 작품이 숨김없는 고백이라는 것을 서술하고 있다. 서양에서 고백은 신에 대한 인간의 신앙심을 나타내는 기독교의 제도였다. 서양의 문학은 총체적으로 고백이라는 제도에 의해 형성되었고, 기독교의 영향을 받아 성립되었다.

한·일의 근대 소설가는 자신의 내면을 드러내는 새로운 형식의 고백소설을 탄생시켰다. 고바야시 히데오는 "근대소설은 먼저 고백으로써 탄생했다."라고 하고 가라타니 고진은 "일본의 근대문학은 고백의 형식과 함께 시작되었다."라고 서술하고 있다. 그들은 근대문학이 고백의 내용과 형식에서 시작되었다는 것을 확실하게 말하고 있다.

자기의 체험과 내면을 서술한 고백문학은 일기와 편지의 형태로 이전부터 이미 있었다. 그럼에도 불구하고 근대에 들어와서 고백소설이 시작되었다는 것은 무엇을 의미하는가? 그것은 새로운 고백형식과 작품세계의 탄생을 의미한다. 대표적인 예로 『이불』을 들 수 있다. 『이불』에서는 끊임없이 내면을 주시하고 있다. 인간의 내면을 문제 삼는 이러한 것이야말로 근대소설의 새로운 작품세계라 할 수 있다.

비밀스러웠던 자신의 내면을 폭로하는 고백소설은 나 자신에 대해 서술하는 소설이기 때문에, 항상 1인칭으로 나타났다. 고백소설은 1인칭이 가장 자연스러웠다. 왜냐하면 "1인칭 담론은 원래 자기체험을 표출하는 것이기에 항상 사실성이 거처하고 있기" 마련이고, 그러므로 허구성이 희박하기 때문이다.[1] 그러나 근대의 서구 및 한국과 일본의 자연주의 소설가들은, 이전에는 불가능해 보였던 '3인칭으로 자기를 서술하는 고백담론'에 빠져들었다. 자연주의 및 리얼리즘 문학은 인생의 진실을 추구하고, 내면의 자아를 고백하려 하기 때문에 고백과 깊은 관련을 가지고 있지만 그들은 그것을 3인칭으로 행했던 것이다. 3인칭으로 고백하는 것은 가능한 것일까?

그 답은 기독교의 고해성사라는 제도를 보면 알 수 있다. 고백과 참회는 나쁜 일을 한 과거의 자신과 과거로부터 멀리 떨어진 곳에서 반성하는 현재의 자신이 존재하고 있다. 따라서 죄를 지은 과거의 자신과 그 죄를 반성하고 용서를 구하는 현재의 자신은 명확하게 다른 존재이다. 예를 들면, 죄를 지은 인간이 신을 향해 용서를 구하는 현재의 나는 용서되지만 죄를 지은 과거의 나는 용서될 수 없다. 자신의 죄를 고백하는 순간 과거의 자신은 이미 객관화되고 3인칭으로 된 '그'가 되는 것이다. 신에게 고백된 '나'는 이미 '그'이다. 3인칭에 의한 고백체소설을 시도한 근대 초창기의 문학자들은 이러한 고백의 원리를 이해했던 것이다.

언문일치는 착각이고 망상이다

사소설담론이 나타난 시기는 문학작품이 작가의 경험적 또는 진실한 자기표현이라고 생각되었던 때이자, 소설언어가 작가자신을 직접 표상할 수 있는 투명한 매체라고 인식되었던 때였다. 언문일치의 이념과 실천이 표준화되고 제도화되었던 1920년대 중반까지 일반적으로 언어는 현실을 직접 소설로 전사할 수 있는 투명한 매체로 상정되었다. 사소설 작가의 텍스트는 작가가 실제 경험한 '사실'을 '투명한 언문일치의 언어'로 전사한 것이라는 입장이 강했다. 그러나 '말과 글이 일치한다'는 언문일치가 사실은 불가능하다는 것이 오늘날의 입장이다. 일상 언어와 문장 언어는 명확하게 다르기 때문에 현실을 '투명한' 언어로 문장 속에 전사한다는 것은 착각이고 망상이기 때문이다. 그러나 당시의 리얼리즘 작가와 사소설 작가는 '현실을 있는 그대로 소설 속에 옮길 수 있다'고 착각했다.

말과 글이 일치한다면 근대 초기의 많은 작가들은 언문이 일치하는 문장을 만들기 위해 노력하지 않아도 되었을 것이다. 하지만 근대 초기의 한·일 작가들은 언문일치문장을 만들기 위해 많은 고통을 겪었다. 예를 들어 최초의 언문일치체소설인 『뜬구름浮雲』(1887~1889)을 쓴 후타바테이 시메이(二葉亭四迷)는 "언문일치문장을 만들기 위해 러시아어로 쓰고 일본어로 번역했다."고 고백한 바 있고, 언문일치문장의 완성자로 알려져 있는 김동인도 "일본어로 생각하고 한국어로 문장을 썼다."고 했다. 그들은 자국에 없는 언문일치문장을 만들기 위해 언문일치문장이 완성된 다른 나라의 언어를 참고해야만 했다. 그리고 새로운 문장을 만들기 위한 새로운 장치를 필요로 했다. 근대의 문체인 언문일치문장은 근대 자연주의 작가들에 의해 완성되었다.

한·일 근대 자연주의 작가들은 그전까지 시험한 적이 없었던 3인칭이라는 것을 사용해 자신의 내면을 이야기했다. 3인칭으로 서술하는 새로운 고백담론을 만들기 위해 새로운 장치가 필요했다. 3인칭에 의한 고백소설을 제도로 정착시키기 위해 근대 소설작가들은 헤아릴 수 없는 고통을 겪었다. 그리고 근대에 성립된 근대문체는 중앙집권과 국민국가를 가능하게 하였다. 언문일치운동에 의해 완성된 근대문체인 언문일치문장은 강력한 중앙집권과 근대국가의 성립을 가능하게 하였다. 그와 동시에 언문일치문장은 근대적인 문체로 새로운 사상을 나타내는 기능을 담당하게 되었다. 이러한 근대문체는 기존의 다양한 문체를 통일함으로써 가능해진 것이었다.

한국어와 일본어의 전통적인 문장에서는 주어와 인칭을 나타내는 단어가 생략될 수도 있고, 오히려 그러한 문체가 더 자연스러웠다. 왜냐하면 동사에는 발화상황을 나타내는 화자와 청자의 인칭성이 나타나 있기 때문이다. 예를 들면 한국어나 일본어와 같이 존경어가 발달한 언어에서는 연상과 연하에 대한 동사가 달라진다. 이러한 언어권에서는 동사와 형용사의 활용을 최대한 살리고 있기 때문에 주어와 인칭을 나타내는 단어를 생략해도 아무런 지장이 없다. 결국, 전통적인 한국어와 일본어 소설에서는 동사의 어미를 풍부하게 활용함으로써 주어를 생략하는 것이 가능했다. 근대의 한국과 일본의 소설은 이와 같이 동사와 형용사의 다양한 변화와 활용을 없애고, 3인칭대명사를 보충하며, 종결어미를 통일하는 과정을 통하여 근대화되었다. 그리고 이러한 문체가 언문일치문장이라는 새로운 근대문체로 탄생하게 된다. 근대 이전까지는 각 지방에서 사용되고 있던 방언으로 인하여 의사소통이 어려웠지만 근대문체가 완성되자 전국적으로 사용하는 표준말이 생기고 중앙집권이 원활해졌다. 원활한 중앙집권을 위해 근대국가에서는 전국적으로 공통된 언어가 요구되었는데, 이러한 과정에서 중앙의 권력은 강화되고 지배자와 피지배자의 위치는 더욱 선명하게 드러났다. 결과적으로 근대문체의 성립으로 인해 지배자와 피지배자, 표준말과 방언, 남자와 여자, 주체와 객체의 차이는 명확하게 드러났다.

사소설의 탄생과 『이불』

자연주의에서 사소설로

일본에서 특이한 리얼리즘의 골격이 형성되고 문학이라는 관념 그 자체가 확실한 형태를 갖추게 된 것은 자연주의 운동부터였다.

일본 근대문학의 성립기는 러일전쟁(1904~1905)의 다음해부터 다이쇼(1912~1926) 초기까지인데, 그 선구적인 활동을 한 것이 자연주의였다. 일본 자연주의(Japanese Naturalism)는 청년시대에 낭만적인 시를 쓴 적이 있는 30대 작가들을 중심으로 일어난 문학운동이다. 이 자연주의 운동은 봉건적인 전통에 대한 반항을 기초로 기존의 소설전통을 부정하고 '무기

다야마 가타이,
다이쇼 11년(1922)1월,
다야마 가타이 전집에서

교' '무이상'이라는 객관묘사의 주장과 엄격한 자기고백이라는 두 개의 요소가 처음부터 내재하고 있었다.

그러나 당시는 천황제국가권력이 점점 강대해진 시기였다. 따라서 일본 자연주의는 구시대의 풍습에 대한 비판이 사회와의 대결이라는 방향으로 나아가지 않고 역으로 초기에 보인 반항의 정열이 단시간에 없어지고 작가의 신변에만 시야를 좁힌 관조(있는 그대로, 본 그대로)의 리얼리즘이 주류가 되었다. 그리고 이러한 리얼리즘은 사실의 편중방법론과 상응하여 자연주의 문학운동으로 이어지고 드디어 사소설의 길을 열었다.

문학사적으로 보면, 사회성이 강한 시마자키 도손의 『파계 破戒』(1906)가 일본 자연주의의 막을 열었다. 그러나 1년 후에 센세이션을 일으켰던 다야마 가타이의 『이불蒲團』(1907)이 일본 자연주의의 방향을 결정하고 사소설의 장르를 열었다는 것이 통설이다. 『이불』을 비롯한 일본의 자연주의는 사실의 충실한 재현과 '노골적인 묘사'를 원칙으로 하였다. 그것은 개인의 진실한 가치관을 반영한 소설이라기보다 오히려 현실을 묘사하는 소설이었고, 후에 '있는 그대로의 자기표출'이라는 방향으로 발전해갔다. 문학을 대상으로 사생활을 중시하는 자연주의의 조류는 일본의 독특한 고백문학을 탄생시켜 장르로서의 사소설이 성립한다.

현실폭로의 비애

일본 자연주의는 작가 자신의 사생활을 모델로 '있는 그대로의 사실을 고백한 문학이 진정한 문학'이라는 풍조를 만들어냈다. 하세가와 덴케이(長谷川天溪, 1876~1940)의 「현실폭로의 비애」(『태양』, 1908.1)와 다야마 가타이의 「노골적인 묘사」(『태양』, 1904.2)가 그 이념의 표출이었다. 하세가와 덴케이는 「현실폭로의 비애」에서 "거짓 없는 현실을 인정하면 그것을 그려라. 게다가 배경은 매우 절실한 비애와 고뇌가 있는 속세여야 한다."라고 말했고, 자연주의자들은 그 표제와 논지를 흔쾌히 받아들였다. 또 다야마 가타이는 「노골적인 묘사」에서 "어떠한 것도 노골적이지 않으면 안 된다. 어떠한 것도 진실이지 않으면 안 된다. 어떠한 것도 자연적이어야 한다."고 절규하며 사실을 적나라하게 고백할 것을 역설했다. 고백은 말하는 주체의 심정을 토로하는 문학의 원점이기도 하다. 그 자연주의자들의 의도에 적합하게 나타난 것이 『이불』이었다. 마치 자신의 말을 증명하는 것처럼 다야마 가타이의 실생활이 곳곳에 드러나 있는 『이불』은 일본 자연주의의 방향을 결정하고 다른 많은 자연주의 작가들에게 영향을 미치게 되었다. 『파계』에서 사회성이 강하게 나타난 소설을 쓴 시마자키 도손 역시 『이불』의 영향을 받고 자전적인 소설을 쓰게 된다.

『이불』보다 10년 후에 나온 이와노 호메이의 『오부작』도 주인공의 대담한 행동을 숨기지 않고 고백하고 있다는 점에서 『이불』의 영향이 강하게 느껴진다. 『이불』과 『오부작』은 모두 처자가 있는 중년 남자가 젊은 여성을 둘러싼 자기의 체험과 내면을 노골적으로 폭로한 고백소설이다.

『파계』와 『이불』의 결투

『와카나슈若菜集』(이른 봄에 나는 나물)라는 시집을 출간해 서정시인으로 잘 알려졌던 시마자키 도손은 소설로 방향을 전환했다. 자연주의 작가로서 그의 탄생을 알리는 기념비적인 작품은 『파계』이다. 『파계』는 피차별 부락 출신의 청년교사 세가와 우시마쓰(瀬川丑松)가 출신의 비밀을 감추라고 하는 부친의 경고와 자신의 출신을 당당하게 밝혀 차별과 싸우고 있는 선배 이노코 렌타로(猪子連太郎)의 삶의 방식 사이에서 갈등하며 동료와 제자 앞에서 출생의 비밀을 고백하기까지의 과정을 그린 작품이다. 이 소설에

다야마 가타이와 시마자키 도손.
메이지 39년(1906) 12월.
다야마 가타이 전집에서

는 부락민 차별이라는 무거운 현실을 취급한 사회소설적인 요소와 자기고백적인 요소가 병존하고 있다.

『파계』 이후 부락민에 관한 문제를 해결하지 못한 채 도손은 『봄春』 『집家』 『신생新生』과 같은 자전적인 작품을 발표한다. 『봄』은 문학 동인들의 애환을 자전적으로 그린 작품이고 『집』은 일본의 전통적인 가족제도의 문제를 파헤쳐 혈통에 속박되어 살아가는 사람을 그렸다. 『신생』은 자신과 조카딸과의 연애문제를 대담하게 파헤쳐 보임으로써 반향을 불러일으켰다.

『파계』가 발표된 다음해에 다야마 가타이가 『이불』을 쓰고 그 다음해에 시마자키 도손이 『봄』을 썼는데, 이 2년간의 문학계의 움직임이 일본의 근대 문학사를 결정하였다. 즉, 이 기간에 이루어진 『파계』와 『이불』의 결투에서 『이불』이 완전히 승리했던 것이다. 『봄』과 그 이후 작품들은 다야마 가타이에 대한 시마자키 도손의 항복장이었다. 다야마 가타이의 승리는 무자비했다. 사회적 성격이 강했던 『파계』 계열은 대가 끊기고 작가 자신에게조차 버림받아 문단에서 완전히 말살되었다. 반면 사회성을 배제하고 작가의 사생활만이 그려진 『이불』 계열이 번영하여 문단의 주류를 형성했다.

『이불』 텍스트의 특이성 —고정된 시점

많은 비평가들은 『이불』 묘사의 결함에 대해서 주인공 다

『이불』의 삽화
ⓒ일본메이지문학사

케나카 도키오의 시점만이 그려지고 다른 인물의 시점묘사가 없는 것을 지적하고 있다. 그 대표인 나카무라 미쓰오는 『풍속소설론』에서 "등장인물은 모두 주인공의 주관적 감정을 표현하는 도구에 지나지 않는다. 그들의 심리묘사가 이 소설에는 한 마디도 없다는 것에 주의한다."라고 말하고 있다. 그는 이와 같은 결함의 원인을 "주인공에 대한 작자의 태도"라고 보고 있다. 그는 "작자와 주인공이 같은 평면에 있고 또 양자의 거리가 거의 0에 가깝다. 작자는 주인공을 조금도 비평하지 않고, 또 주인공은 작자에게 더욱 친근한 존재라는 사실에 기분이 좋아서 응석부리는 것이다."라고 말한다.

여기에서 구체적으로 나카무라 미쓰오가 작자(화자)와 주인공이 0에 가깝다고 지적한 부분을 인용해 본다.

A. 뜨거운 주관의 정과 차가운 객관의 비평이 엉켜진 실처럼 단단히 묶여져 일종의 이상한 마음 상태를 나타냈다.

B. 슬프다. 실로 통절하게 슬프다. 이 비애는 화려한 청춘의 비애도 아니고 단지 남녀의 사랑의 비애도 아니고, 인생의 가장 깊은 곳에 숨어 있는 어떤 커다란 비애다.

C. 갑자기 눈물이 도키오의 수염을 타고 흘렀다.[2]

화자는 A, B에서 도키오의 내면을, C에서 도키오의 외면을 바라보는 시점에서 서술하고 있다. 즉, 화자의 시선이 모두 도키오에게 고정되어 있지만 화자와 도키오의 거리는 제각기 다르다. 예를 들면 A에서 화자는 도키오와 거의 동일화될 정도의 가까운 거리에서 서술하고 있다. B는 도키오의 독백이 지문으로 되어 있기 때문에 도키오의 독백과 지문이 융합하고 일체하는 것처럼 느껴지고, 화자와 도키오의 거리가 0인 것 같은 담론으로 되어 있다. C의 경우, 화자는 도키오를 객관적으로 대상화할 수 있는 거리에서 그의 내면이 아닌 외면을 보고 있다. 이와 같이 『이불』에서는 A, B, C에서 보이는 것과 같이 주인공에게 시점을 고정하고 A, B와 같이 주로 그 내면을 그리고 있다.

따라서 『이불』은 3인칭 소설이면서도 항상 1인칭 소설(1인칭 주인공 시점)로 읽혀져 왔고, 그것이 '주인공=다케나카 도키오'라고 하는 읽기의 콘텍스트를 만들어 왔다. 이에 대해 동시대비평가들은 "1인칭으로 그린 장점과 3인칭으로 그린 장점이 완전하게 일치한 것"(「사생이라고 하는 것」, 『문장세계』, 1907.7), 혹은 "1인칭에 객관적 묘사를 첨가하고, 3인칭소설에 주관적 묘사를 첨가해서 하나가 된 것 같은 문체"(「소설작법」, 『문장세계』, 1907.10)와 같은 평가를 내렸다. 3인칭으로 서술되는 『이불』 중에 1인칭묘사의 수법이 가미된 『이불』의 작풍은 참신한 것으로 인정받게 되었다. 이와 같이 『이불』은 3인칭 소설임에도 불구하고 1인칭 고백소설로 수용되어 왔다.

위의 인용부분을 예로 들어 나카무라 미쓰오는 "주인공이 실생활에서 연기한 사건의 익살스러움 등 희극의 재료가 전적으로 작자의 눈을 피해 무리하게 비극적 독백으로 표현됨으로써 일본 사소설이 탄생했다."라고 서술한다. 또 가와카미 미나코는 "주인공 다케나카의 독백에 화자가 주정적으로 겹치고 (중략) 다케나카의 내면세계를 감상적으로 긍정하는 것에 그쳤다."라고 서술한다. 3인칭으로 서술하는 것임에도 불구하고 1인칭 고백소설로서 수용된 장치에 대해서 가와카미는 "주인공을 대상화하여 서술해야 할 지문의 내재적 화자는 전적으로 주인공과 융합하고 일체화해 버리는 것에 있다."라고 한다. 라고 한다. 히비 요미타카(日比嘉高)는 『이불』의 서술방법에 대해 "3인칭이면서 시점을 주인공에 고정한 방법"이라 하였는데, 이와 같은 지적은 『이불』이 1인칭·고백적으로 수용된 요인을 설득력 있게 설명하는 것으로 지금까지 매우 큰 영향력을 가지고 왔다. 결국, 나카무라 미쓰오와 같은 화자와 주인공이 "융합하고 일체화"하는 읽기라든지 히비 요미타카와 같이 "화자가 작품 바깥에 존재하며 서술 시점이 주인공 도키오에게 고정되어 있다."라고 하는 읽기 방법은 『이불』의 발표 후부터 현재까지 일반적이다.

흔들리는 시점

실제로 『이불』에는 주인공(도키오)이 아닌 다른 등장인물의 시점도 들어있고 또, 전지적인 입장에서 주인공을 보는 화자의 시점도 있다.

A'. 요시코는 연인과 헤어지는 것이 괴로웠다. 될 수 있으면 함께 도쿄에 있으면서 가끔 얼굴을 보고 이야기를 하고 싶었다. 지금은 그것이 불가능하다는 것을 알고 있었다. 이 년, 삼 년, 남자가 동지사를 졸업하기까지 가끔 오는 편지만을 의지한 채 공부에만 전념하지 않으면 안 된다고 생각했다.(p.559)

B'. 도키오는 밤에 때때로 요시코를 자신의 서재에 불러 문학 이야기, 소설 이야기, 그리고 사랑 이야기를 하곤 했다. 그리고 요시코를 위해 장래에 대한 주의도 주었다. 그럴 때의 태도는 공평하고 솔직하며 동정심으로 가득 차 있어 결코, 만취하여 화장실에 눕거나 땅바닥에 눕기도 했던 사람으로는 생각되지 않는다.(p.559)

C'. 도키오의 뒤에 한 무리의 배웅하는 사람이 있었다. 그 뒤 기둥 옆에 언제 왔는지 낡은 중절모를 쓴 한 남자가 서 있었다. 요시코는 그를 알아보고 가슴이 설레었다. 아버지는 불쾌감을 느꼈다. 그렇지만 공상에 빠져 서 있는 도키오는 뒤에 그 남자가 있는 것을 꿈에도 몰랐다.(p.605)

A'에서 화자와 요시코의 시점은 거의 일치한다. B'에서는 요시코에 대한 화자의 해석이 보인다. C'에서 화자는 모든 작중인물의 내면과 외면을 보는 전지적 시점을 가지고 있다. 자

세히 보면 A'에서 화자는 애인과 같이 있고 싶다고 생각하는 요시코의 내면을 보고 있다.

B'의 도키오가 요시코에게 문학을 가르치는 장면에서 화자는 도키오의 "그럴 때의 태도는 공평하고 솔직하며 동정심으로 가득 차 있어 결코, 만취하여 화장실에 눕거나 땅바닥에 눕기도 했던 사람으로는 생각할 수 없다."와 같이 서술하고 있다. 여기에는 스승으로서의 얼굴과 여제자에게 욕망을 가진 추한 중년남자라고 하는 두 개의 얼굴을 가진 주인공을 비웃는 화자의 해석이 들어있다.

최후의 장면 C'의 요시코를 시골에 돌려보내는 부분에서 화자는 도키오의 뒤에 있는 "한 무리의 배웅하는 사람"과, 도키오에게 보이지 않는 "낡은 중절모를 쓴 한 남자"의 존재를 보고 있다. 또한 그 남자, 즉 애인을 발견했을 때의 요시코의 내면에 대해서는 "요시코는 그를 알아보고 가슴이 설레었다."라고 서술하고 있고, 그 후 요시코의 아버지에 대해서는 "아버지는 불쾌감을 느꼈다."고 서술하며 아버지의 내면을 엿보고 있다. 최후의 장면 "그렇지만 공상에 빠져 서 있는 도키오는 그 뒤에 그 남자가 있는 것을 꿈에도 알 수 없었다."라고 하는 부분에서 그 남자의 존재를 모르는 도키오를 그리고 있다. 즉, 화자는 도키오 이외에도 아내, 아내의 언니, 요시코의 내면에도 들어가고 또, 화자는 객관적으로 대상화할 수 있는 거리에서 도키오를 바라보거나 자유롭게 움직이고 있다.

고정된 시점과 흔들리는 시점

『이불』은 고정된 시점과 흔들리는 시점을 동시에 가지고 있다. 따라서 『이불』을 비판함에 있어 가장 견고한 공식인 나카무라 미쓰오가 말한 작자와 주인공의 관계에서 "양자의 거리가 거의 영에 가깝다."라고 하는 견해며, 작가는 주인공에 대해 "그를 넘어선 입장에서 비판하는 자유를 빼앗겨 끊임없이 주인공의 내부에 얽매이지 않으면 안 된다."라고 하는 설을 전면적으로 인정할 수는 없다. 다카하시 도시오(高橋敏夫)는 이들의 설을 전면적인 오인이라고 하고 "이야기의 화자는 그 작가인 가타이와 닮은 주인공 도키오를 어떤 경우에는 관념화하고 이야기 끝에서는 아주 자유로운 비평을 하고 있다."라고 서술하고 있다.

지금까지 연구에서는 나카무라 미쓰오의 설을 전면적으로 찬성하거나 또는 전면적으로 부정하는 입장을 취해왔다. 『이불』에 관한 한 어떤 것이 정당한지 단정해 말할 수는 없다. 왜냐하면 『이불』이라는 작품은 A, B, C와 같이 도키오에게만 고정된 시점, 그리고 그와 동시에 A', B', C'와 같이 흔들리는 시점을 동시에 가지고 있기 때문이다. 이 두 가지의 시점을 동시에 인정하지 않는 한 『이불』에 대해 정당하게 해석할 수는 없다. 기본적으로는 주인공에 시점이 고정되어 있지만, 화자는 경우에 따라서 다른 작중인물의 내면에도 시점을 할당하고 있다. 『이불』의 시점은 모든 권리가 작자에게 있는 전지적 시점도 아니고, 엄격하게 제한되고 주인공 한 사람에게만 고정된 시점도 아니다. 『이불』은 도키오에 고정된 시점과, 도키오에게 떨어져 자유롭게 움직이는 시점을 동시에 가지고 있고, 이러한 시점이 작품 내용을 결정하게 된다. 게다가 이 흔들리는 시점의 도입은 주인공 내면만을 그리고, 다른 등장인물의 내면을 배제하는 결과를 회피하고 있다. 결국 이 소설에 있어서 도키오와 쌍을 이루는 중요한 인물인 요시코의 내면도 배제되지 않고 들어가는 것이 된다.

중년남자의 슬픈 질투의 고백

『이불』은 다케나카 도키오라고 하는 중년 작가의 집에 기숙하는 여제자에 대한 비밀스런 애욕을 그리고 있다. 다야마 가타이는 『이불』을 쓴 후 『도쿄의 30년』의 「나의 안나 마아르」 중에서 "나도 괴로운 길을 걷고 싶다고 생각했다. 세상에 대해서 싸우는 것과 동시에 숨겨두었던 것, 감추었던 것, 그것을 밝히고 나서 자신의 정신도 파괴된다고 생각하는 것, 그러한 것을 열어내 보려고 생각했다."라고 진술하고 있다. 그러면 『이불』에서는 무엇이 고백되어 있는가? 먼저 도키오의 고백을 보도록 한다.

다음은 도키오가 자신의 여제자에게 애인이 생겼다는 것을 알고 고민하는 장면이다.

무엇을 했는지 모른다. (중략) 손을 잡았을 것이다. 가슴
과 가슴이 닿았을 것이다. 사람이 보지 않는 여관 이층 방,
무엇을 하고 있는지 모른다. 더럽혀지고 더럽혀지지 않는
것은 순간이다. 이렇게 생각하자 도키오는 견딜 수 없었다.
"감독자의 책임에 관한 것이다!" 라고 마음속에서 절규했다.
(p.542)

위의 인용에서는 요시코와 다나카가 무엇을 했는가에 대해
관심을 가지고 있는 도키오를 그리고 있다. 여기에서 '무엇'은
육체관계를 가리키고 도키오는 요시코의 육체관계에 대해 매
우 구애되고 있다. 즉, 『이불』에서는 도키오가 주체적인 존재
로서 행동을 하는 것이 아니고 주변적인 존재가 되어서 감독
할 수밖에 없는 중년남자의 비애를 그리고 있다. 『이불』의 전
편에 그려져 있는 것은 도키오 자신의 행동이 아니고 그의 억
제할 수 없는 내면에서 우러나온 욕망의 소리이다.
　다음은 도키오가 요시코의 부재중에 숨겨둔 편지를 찾아서
읽는 것을 폭로하는 장면이다.

　　너무나 편지 왕래가 빈번하므로 도키오는 요시코가 없는
　틈을 타 감독이라고 하는 구실하에 양심을 억누르고 살짝
　책상 서랍과 편지 상자를 뒤졌다. 찾은 두세 통의 남자 편지
　를 대충 읽었다.
　　연인이 하는 것 같은 달콤한 말은 도처에 가득 차 있었

다. 그렇지만 도키오는 그것 이상의 어떤 비밀을 찾아내려고 고심했다. 키스의 흔적, 성욕의 흔적이 어딘가에 나타나 있지는 않을까.(pp.560-561)

여기에서는 요시코의 편지를 숨어서 읽는 도키오, 그리고 요시코와 그 애인과의 육체관계를 알려고 하는 도키오의 내면이 그려져 있다. 이 부분이야말로 사랑에 빠진 중년남자의 바보 같은 슬픈 질투의 고백이다. "감독이라고 하는 구실하에 양심을 억누르고" 살짝 숨어서 편지를 읽는다는 행동, 또 두 사람의 육체관계에 대해서 알려고 하는 욕망을 가지고 쓰는 것은 자기폭로이다. 『이불』의 최대 목적은 주인공 자신의 행동이나 사회와의 갈등도 아닌, 주인공의 추한 내면을 독자에게 숨김없이 보여주는 것이다. 『이불』의 재미는 비겁한 주인공의 내면이고, 그의 행동을 독자만이 알고 있고 다른 작중인물들은 모르게 하는 것이다. 겉으로는 좋은 남편, 좋은 아버지, 좋은 스승으로서의 역할을 수행하고 있는 도키오는 내면적으로 끊임없이 욕망을 가지고 있는 한심한 중년남자이다.

다음 장면에는 요시코와 다나카가 교토에 여행간 것을 알고 번민하는 주인공의 내면을 그리고 있다.

그 남자에게 몸을 허락했을 정도라면, 굳이 처녀의 정조를 존중할 필요도 없었다. 자기도 대담하게 손을 내밀어 성욕을 만족시켰으면 좋았을 것이다. 이렇게 생각하자 지금까지 하늘에 올려놓았던 아름다운 요시코는 매춘부로 생각되어 그 육체는 물론 아름다운 태도도 표정도 싫어졌다. 그날 밤은 번민하고 번민해서 거의 자지 못했다. (중략) 그 약점을 이용하여 내 마음대로 할까 하고 생각했다.(pp.594-595)

외면적으로 요시코의 사랑의 감독자임에도 불구하고 도키오는 요시코를 아름다운 여제자로 생각하고 있는 것이 아니고 자신의 성욕 대상인 매춘부로 보고 있다. "자기도 대담하게 손을 내밀어 성욕을 만족시켰으면 좋았을 것이다."라고 하는 것과 같이 요시코의 약점, 즉 다나카와의 육체관계를 이용해서 그녀를 자기 여자로 만들까 하는 숨김없는 추한 기분을 비속하고 대담하며 노골적인 묘사로 나타내고 있다. 이것은 시마무라 호게츠의 "육체의 인간, 적나라한 인간의 대담한 참회록"을 생각하게 하는 대표적인 부분이다. 하지만 외면적으로는 자신의 욕망에 관해서 어떠한 행동도 일으키지 않는다. 참회하지 않으면 안 되는 것은 자신이 한 행동에 대한 반성이 아니고 오직 내면의 죄이다. 『이불』의 전편에는 도키오의 억누를 수 없는 욕망이 고백되어 있다.

차단된 방에서 흘리는 비애의 눈물

『이불』의 최후 장면, 요시코의 이불을 깔고 그녀의 잠옷을 얼굴에 묻고 우는 도키오의 모습은 「노골적인 묘사」의 정점을 이루고 있다.

　성욕과 비애와 절망이 곧 도키오의 가슴을 엄습했다. 도
키오는 그 이불을 깔고 잠옷을 덮고 차갑고 더러운 비로드
칼라에 얼굴을 묻고 울었다.
　어두컴컴한 방, 집 밖에는 바람이 거칠게 불고 있었다.
(pp.606-607)

　화자는 "성욕과 비애와 절망이 곧 도키오의 가슴을 엄습했
다."에서 도키오의 내면을 보고 있지만 다음의 "도키오는~
울었다"에서는 도키오의 외면을, "어두컴컴한 방, 집 밖에는
바람이 거칠게 불고 있었다."에서는 방과 방 바깥을 보고 있
다. 화자의 시점은 도키오의 내면에서 도키오의 방으로, 방에
서 방 바깥으로, 점점 도키오로부터 멀어져간다. 『이불』에서
는 처음에 도키오의 내면에 있었던 시점이 마지막에는 도키오
의 내면으로부터 완전하게 멀어져간다. 이러한 시점의 이동,
즉 화자가 도키오의 내면에서 외면으로 시점을 이동함으로써
도키오는 객관화되고, 그의 행동은 해학적으로 묘사된다.
　이 부분, 즉 요시코가 돌아온 후 그녀의 방안에서 요시코의
이불 냄새를 맡고 울고 있는 주인공의 행동에서 처음으로 요
시코에 대한 애욕의 표현이 나타난다. 도키오는 여제자에게
애욕을 느끼면서도 그녀에 대한 사랑의 표현은 물론, 손을 잡
는 것조차 할 수 없는 인간이다. 도키오는 외면적으로는 요시

코의 스승인 동시에 온정이 있는 보호자이고, 요시코의 아버지에 대해서는 분별이 있고 신뢰할 감독자의 자세를 일관되게 지키고 있다. 내면적으로는 요시코의 애인인 다나카에게 질투를 느끼고 여제자인 요시코에게 성욕을 느끼며 고뇌하는 인간이다. 이 눈물은 자신의 내면을 감추고 최후까지 외면적인 스승으로서, 온정이 있는 보호자의 위치를 계속 지킨 도키오의 번민이 폭발한 감정표현인 것이다.

여기에서 흥미 있는 것은 도키오의 고백이 끝나고 '그'라고 하는 인간이 숨김없이 드러난 이 소설의 최후 부분이 요시코의 방 풍경으로 되어 있는 것이다. 사회에서 차단된 방안에서 육체는 부재하고 냄새만이 부상하고 있다. 요시코가 돌아간 후 그녀의 방에서 흘리는 도키오의 눈물은 대상이 없는 성욕과 비애와 절망의 눈물로, 결코 충족할 수 없는 남자의 욕망이 표출되어 있다. 사회에서 차단된 방 안에 틀어박혀 대상이 없는 육체에의 애욕이 소용돌이치는 중에서 울고 있는 도키오의 모습은 후에 자연주의에 영향을 미친다. 여기에 있는 것은 사회에서 등을 돌리고 차단된 방에서 번뇌하는 인간상이다. 『이불』에서는 전부 사회와의 관계 속에서 싸우지 않고 사회에 진출하지 않으며, 차단된 방 안에서 번뇌하는 인간이 그려진다. 즉, 일본 자연주의는 『이불』에 의해 현실을 그리는 리얼리즘 소설이 아니고 사생활을 소재로 하면서 내면을 그리는 사소설로 발전해 나간다.

진실의 은폐수단으로서의 편지

『이불』에서는 A', B', C'와 같이 화자가 도키오에게만 고정되지 않고 도키오로부터 멀리 떨어져 자유롭게 움직이는 장면도 있다. 흔들리고 움직이는 시점에 의해 요시코의 내면을 보고 그녀의 고백을 들을 수 있다. 특히 요시코의 내면 표출, 고백의 수단으로 편지가 사용된다. 요시코가 도키오에게 보낸 편지에서의 시점은 요시코에게 있고, 독자는 그것으로 요시코의 내면을 보다 적나라하게 알 수 있다. "고베 여학교 학생으로 출생은 빗추(備中)의 니미마치(親見町)인, 그의 작품의 숭배자로 이름은 요코야마 요시코(橫山芳子)라는 여학생으로부터 숭배의 정이 가득 담겨진 한 통의 편지를 받은 것은 그 무렵이었다."(p.526)와 같이 그녀가 최초로 도키오와 사제관계를 맺은 것도 편지를 통해서였다. 요시코는 첫 번째 편지가 거절당하자 두 통째, 세 통째의 편지를 보내서 "어떠한 일이 있어도 선생님의 제자가 되어서 일생 동안 문학에 종사하고 싶다는 간절한 소망"(p.526)을 호소했기 때문에 결국 도키오는 그녀를 제자로 삼는다. 이를 통해 요시코는 편지로 자신의 주장을 관철하는 여성으로 그려진다.

또 주목할 점은 요시코의 경우, 고백은 주로 편지에 의해서 이루어졌다는 점이다. 이 경우, 편지의 인용이라는 형태로 그녀의 내면이 표현되고, 화자는 편지에 관해서는 책임을 지지 않아도 되는 이점이 있다. 편지라고 하는 요시코의 입장에서 서술함으로써, 이야기를 지배하는 화자는 교묘하게 자신에게 올지도 모르는 비난을 회피하고 있다. 이와 같이 요시코의 편지는 작품세계의 화자로부터 독립되어 있다.

요시코가 도키오의 제자가 되고 난 이후, 도키오에게 그녀의 내면을 토로한 편지는 세 통이 있다. 첫 번째 편지는 요시코의 애인 다나카가 상경한 것에 대해서, 두 번째는 다나카와의 관계를 인정해 달라는 것을, 세 번째는 다나카와의 육체관계에 대해 쓰고 있다.

만일의 경우, 지난 번 사가에 함께 간 친구를 증인으로 세워, 두 사람의 관계가 결코 부정한 일이 없었다는 것을 변명하고, 헤어진 후 느낀 두 사람의 사랑을 밝혀, 선생님에게 매달려 고향의 부모님에게 하나하나 자세히 말씀드려 달라고 부탁하기로 결심했습니다. (중략) 타인에게 오해받을 일은 하지 않았습니다. 결코 하지 않았습니다.(pp.541-542)

이 편지에서는 다나카를 마중하려 신바시에 간 것에 대해서 "선생님, 용서해 주십시오. 저는 그 시간에 마중하러 갔던 것입니다."(p.540)와 같이 자기 행위를 고백하고 있다. 그 후, 위의 인용과 같이 "두 사람의 관계에서는 결코 부정한 일이 없었다는 것을 변명하고" 다나카와의 관계가 결백하다고 주장한다. 그러나 그것이 거짓말이었다는 것은 세 번째의 편지에서 밝혀진다. 실제로 육체관계는 이미 존재하고 있었지만 주인공이 그것을 알아차리는 것은 세 번째의 편지에 이르러서이다. 이 편지는 다른 사람의 말을 인용하는 방법을 통해서 두 사람의 육체관계가 부재한다는 텍스트를 형성하고 있다. 화자는 편지라고 하는 형식을 통해 텍스트와는 다른 지점에 서 있고 진실을 모른 체한다. 여기에 편지라고 하는 텍스트의 전략이 있다. 요시코의 편지는 두 사람의 관계를 도키오에게, 아버지에게, 그리고 독자에 대해서 은폐하는 수단이기도 하다. 구체적으로 이 전략은 자신의 스승인 도키오를 "신성하고 진실한 사랑의 증인"으로 만들기 위해, 편지로 "고백하고 부탁하는 것이 유리한 계책"이라고 생각한 요시코의 책략이다. 도키오가 두 사람의 사랑의 증인이 됨으로써 그 책략은 성공하지만, 그것은 요시코가 진실을 왜곡한 것에 의해 성공한 것이다.

고백 수단으로서의 편지

두 번째 편지에서 요시코는 다나카를 따라 가겠다고 하는 강한 의지를 표현하고 있다.

> 선생님, 저는 결심했습니다. 성서에도 여자는 부모를 떠나 남편을 따르라고 한 것처럼 저는 다나카를 따르기로 결심했습니다.(p.577)

"저는 결심하였습니다."와 같이 요시코의 편지에서는 '나'

의 주장이 많이 보이고, 부모의 반대를 물리치고 자신이 사랑
하는 사람과의 관계를 계속하겠다는 강한 의지를 보인다. 또,
"선생님"이라고 빈번하게 부름으로써 '나'와 '선생님'이라는
두 사람의 특별한 관계를 이용하여 도키오를 자신의 편으로
만들려 하고 있다. 세 번째의 편지에서는 자신과 다나카와의
육체관계를 고백하고 있다.

　　선생님.
　　저는 타락한 여학생입니다.
　　저는 선생님의 은혜를 이용하여 선생님을 속였습니다. 그
　　죄는 아무리 빌어도 용서받을 수 없을 만큼 크다고 생각합
　　니다.(p.597)

　최초의 편지에서 요시코는 거짓말을 해서라도 자신들의 관
계를 인정받으려고 하였고 그것이 두 번째 편지까지는 성공했
지만, 결국 요시코는 세 번째 편지에서 진실을 고백해 버린다.
진실을 고백하지 않으면 안 되었던 것은 도키오의 "두 사람
사이에 신성한 영혼의 사랑만이 성립하고 육체관계는 없다."
(p.587)라고 도키오가 말하자 요시코의 부친이 "그렇지만 육체
관계도 있다고 생각하지 않으면 안 된다."(p.587)라고 말했던
것이 발단이 되었기 때문이다. 부친의 말은 도키오의 인식에
영향을 미치고 구체적인 행동을 일으키는 계기가 된다. 부친
의 말은 이 텍스트에 있어서 단순한 작품세계 내에서의 발언

이상의 작용을 하고 있다. 부친의 대화 뒤에 도키오는 "그 몸의 결백을 증명하기 위해서 그 전후의 편지를 보여 달라."(p.593)고 하는 것이다. 그 말을 들은 요시코는 얼굴이 빨갛게 되고 편지를 태웠다고 변명하지만 강력하게 요구하는 도키오에게 위의 편지를 쓰고 진실을 고백한다. 결국 부친의 말을 계기로 도키오는 그녀를 더욱 의심하여 고백을 강요함으로써 그녀의 육체관계에 대한 고백을 듣는다는 행위가 발생하는 것이다. 요시코의 육체관계에 관한 진실은 타자인 아버지의 말에 의해 사실대로 드러나기에 이른다. 그녀는 "선생님에게 배운 새로운 메이지 여자로서의 임무, 그것을 저는 행하지 못했습니다."(p.597)라고 하고 진실을 고백함으로써 자신의 꿈을 포기하지 않으면 안 되었다. 이와 같은 고백에 의해 요시코의 꿈은 좌절되고 요시코는 실패와 좌절을 맛본다.

요시코의 편지는 자신과 다나카와의 육체관계를 은폐하는 수단인 동시에 진실의 고백 수단으로 사용된다. 편지의 시점은 요시코에 있다. 독자는 요시코의 이야기를 읽고 그녀의 내면을 보는 것이 된다. 여기에서 요시코의 편지는 요시코와 다나카의 육체관계를 폭로하는 기능을 한다.

사소설의 탄생은 작가와 독자의 책임이다

『이불』은 A, B, C의 시점, 즉 도키오에게만 둔 시점과 동시에 A', B', C'와 같은 시점, 즉 도키오 이외의 인물에 둔 시점을 동시에 가지고 있다. 지금까지는 A', B', C'의 시점을 묵살하고 A, B, C의 시점만을 부각시켜 왔다. 그리고 이러한 비평가와 독자의 읽기 방법이 『이불』을 사소설로 읽는 계기가 되었다. A', B', C'와 같은 시점에 의해 『이불』에서는 요시코의 시점이 들어가고 요시코의 내면도 표현하게 되었다. 그것은 요시코의 내면을 그리는 것으로 여성의 이야기를 배제하지 않는다고 하는 결과를 가져온다. 『이불』의 흔들리는 시점에 의해서 남성 시점만이 아니고 여성 시점도 들어가고 여성의 이야기를 그릴 수 있게 되었다. 근대이야기의 대부분이 남성 시점에 의한 남성중심의 이야기인 것에 비해서 『이불』은 여성의 시점이 들어간 여성의 이야기를 배제하지 않았다. 그것은 화자의 흔들리는 시점에 의해 얻어진 것이다.

'고백의 장에 의지한 작가=주인공'이라고 하는 『이불』 및 사소설의 읽기는 허구를 전제로 한 소설의 개념을 전복하고 있다고 이야기되어 왔고, 그 전복의 원인은 『이불』이라고 비판되어 왔다. 그러나 그것이 『이불』만의 책임일까? 다야마 가타이는 『이불』에서 자기를 모델로 해서 주인공을 그리고 있지만 주로 주인공의 내면에 초점이 맞추어져 있고 다야마 가타이와 그 여제자의 관계를 사실로 증명할 근거는 어디에도 없다. 즉, 『이불』이 다야마 가타이의 경험을 있는 그대로 고백한 작품이라 할 수 있는 근거는 어디에도 없는 것이다. 그럼에도 불구하고 『이불』이 항상 '다케나카 도키오의 이야기=다야마 가타이의 이야기'라고 하는 사소설의 담론을 만든 원인으로서는 A, B, C와 같은 화자의 특이성을 지적할 수 있다. 결국, 주어는 '3인칭 그'이면서도 항상 '1인칭 소설(1인칭 주인공 시점)'의 수법을 첨가한 것, 즉 서술의 시점이 도키오에게 고정되어 있는 것이다.

그러나 다른 한편으로는 1인칭이 아니고 3인칭으로 쓰면서 객관성을 유지하려고 하는 것과 A', B', C'에서 본 것과 같이 화자가 주인공 이외의 인물의 시점, 즉 요시코를 고정하고 그녀의 내면을 그리고 있는 것 등은 사소설로 읽을 수 없는 근거가 된다. 그럼에도 불구하고 『이불』이 단지 사실의 고백으로 읽혀져 왔던 것은 A, B, C와 같은 서술 그 자체의 문제임과 동시에 당시의 비평가들의 읽기에도 문제가 있었기 때문이다. 그들은 A', B', C'의 읽기를 배제하고 A, B, C와 같은 읽기만을 부각시켜 실제로는 다야마 가타이를 주인공으로 바꿔 읽었는데, 이와 같은 읽기 방법이 아니었다면 사소설은 성립되지 않았을 것이다. 또한 『이불』의 기묘한 서술이 없었더라면 비평가들은 그와 같은 읽기를 하지 않았을 것이다. 결국, 사소설담론은 『이불』의 서술방법과 비평가들의 읽기방법의 합치에 의해서 생긴 것이고, 그것은 한 여성의 이야기라고 하는 읽기의 해석을 배제하는 것에 의해 가능해졌던 것이다.

이와노 호메이의 『오부작』

『오부작』의 작품세계

　『이불』은 일본 자연주의의 방향을 결정하고 다른 많은 자연주의 작가들에게 영향을 주었다. 『이불』의 약 10년 후에 나온 이와노 호메이(岩野泡鳴, 1873~1920)의 『오부작五部作』(1920)에도 주인공의 대담한 행동이 숨김없이 고백되어 있고, 『이불』의 영향이 강하게 느껴진다. 『오부작』이란 「발전發展」 「독약을 마시는 여자毒藥を飲む女」 「방랑放浪」 「끊어진 다리斷橋」 「악령憑き物」이다. 『이불』은 『오부작』과 같이 처자 있는 중년 남자와 젊은 여성을 둘러싼 자기의 체험과 내면을 노골적으로 털어놓은 고백소설이다.

이와노 호메이는 제일단편소설집 『탐닉耽溺』(1910.5)의 「서문에 대신한다」에 다야마 가타이에게서 받은 영향을 다음과 같이 고백하고 있다.

가타이씨, 당신에게 나의 첫 단편소설집 『탐닉』을 바치고 싶다. (중략) 당신에 의해 신경향에 도달한 것은 고 독보씨도 그렇다. 도손씨도 그렇다. 나도 그중 한 사람인 것을 부정할 수 없다. 당신은 연령에 있어서도 나의 연장자인 동시에 새로운 학식에 있어서도 나의 형이다. 당신의 「노골적인 묘사」는 나의 「신비적 반수주의」보다 2, 3년 전에 나왔다. 그 무렵 나는 당신을 알았다. (중략) 불행히도 당신과 내가 문예의 실행적 성질에 있어서 의견을 같이할 수는 없지만, 당신도 주관의 힘을 전부 없애고, 옛날의 천박한 몰이상론의 정도에 머무르지는 않을 테며, (중략) 내가 『탐닉』에서 뜻밖에도 당신의 『이불』과 같은 제2의 연애를 취급하게 되고, 당신이 나의 소설을 인정해 주었지만 『시노하라 선생』을 당신은 어떻게 볼 것인가, 나는 그것이 알고 싶은 것이다.

이 서문의 제목은 「오타루에서 배를 기다리면서」(1909.6.23)이다. 이와노 호메이가 시인에서 소설가로 전향할 때 쓴 이 서문은 다야마 가타이의 영향을 강하게 받은 그가 그 감화를 토대로 소설가로 출발한 이유를 설명하고 있다. 그러나 한편으로는 "문예의 실행적 성질에 대해서 의견을 같이 할 수는 없

이와노 호메이
ⓒ일본메이지문학사

다."라며 두 사람의 다른 점을 확실하게 밝히고 있다. 『오부작』은 이와노 호메이가 자신의 사생활을 모델로 해서 아내와 애인과의 싸움, 사업의 실패 등, 호메이가 가지고 있었던 문제의 진상을 숨기지 않고 그린 '고백적'이고 '적나라'한 작품세계인 것이다. 『이불』을 의식하지 않았다면 이와노 호메이의 전면적인 고백의 작품세계인 『오부작』은 나타나지 않았을 것이다.

「발전」

『오부작』은 실제 이와노 호메이가 아버지가 죽은 뒤(1908. 5.10) 애인을 만들어 방랑생활을 하고 도쿄에 돌아오기까지 1년 반 동안의 자기경험을 소재로 한 작품이다. 「발전」과 「독약을 마시는 여자」는 도쿄를 무대로 한 이야기이고 「방랑」「끊어진 다리」「악령」은 홋카이도를 무대로 한 이야기이다.

다무라 요시오는 유산으로 물려받은 아버지의 하숙집 일을 아내 지요코에게 맡기고 자신은 집에 구속되지 않으며 자유롭게 살고 싶어한다. 상업학교 영어교사이며 창작활동도 하고 있는 요시오는 아내와 16년간 같이 살았고 6명의 자녀도 있지만, 아내와 아이를 돌보지 않고 집에 대한 애착 역시 전혀 없

45

다. 그런 상황에서 기슈에서 온 시미즈 오토리라는 여성이 하숙을 하게 된다. 아내 지요코와 그 아이들을 싫어하는 요시오는 오토리와 깊은 관계를 가지게 되고 지요코와 이혼하려 하지만 지요코는 이에 응하지 않는다. 가업을 전부 아내에게 맡긴 요시오는 젊은 애인 오토리와의 관계에 탐닉한다. 요시오와 오토리는 도쿄에서 멀리 떨어진 온천에 여행을 간다. 요시오는 소설을 쓰고 단조한 생활에 질린 오토리는 먼저 도쿄에 돌아온다. 혼자 남은 요시오가 원고료를 받아 도쿄에 돌아왔을 때 오토리는 성병에 걸려 괴로워하며 치료를 받는다. 오토리와 아내와의 귀찮은 관계에서 벗어나고 싶은 요시오는 새로운 사업에 대한 꿈을 가지고 사할린에 가려 결심한다.

「독약을 마시는 여자」

요시오로부터 성병을 옮은 오토리가 아내 지요코에게 협박을 받고 악몽에 시달린다. 이 이야기를 들은 요시오는 집념이 강한 아내의 저주라 생각하고 아내를 점점 싫어하게 된다. 첫째 아이와 셋째 아이를 병으로 잃은 지요코는 또다른 아이가 병에 걸려 위독해지자 요시오와 오토리의 새로운 살림집을 방문한다. 아이에게 애착을 가지고 있지 않은 요시오가 병원에 갔을 때 아이는 이미 죽어 있었다. 요시오는 아이의 죽음이 자기와 관계가 없다고 하고 아이의 죽음을 슬퍼하지도 않는다.

어느 날 요시오가 애인 오토리를 데리고 음악 감상에 갔을 때 갑자기 지요코가 나타나 소동을 벌인다. 사태가 커지는 것이 두려워 할 수 없이 아내와 같이 집에 돌아온 요시오는 새엄마 앞에서 지요코를 매도하고 다음날 오토리 곁으로 돌아온다. 그러나 어느 날 밤, 잠든 척하는 자신에게 칼을 들이대며 아내로 맞아들여 주지 않으면 죽인다고 하는 오토리의 말을 들은 요시오는 초등학교 친구인 가슈에게 부탁해 헤어지려 한다. 그러나 가슈와 오토리와의 관계가 점차 깊어짐에 따라 질투심이 불타오른 요시오는, 가슈에게 자기가 오토리와 관계를 끊겠다고 하고 오토리에게 결별을 선언한다. 그는 오토리가 잡는 것도 뿌리치고 집으로 돌아오지만, 그녀가 마음에 걸려 다시 오토리에게 되돌아간다. 요시오가 걱정했던 것처럼 오토리는 독약을 마시려 하고 있었고, 요시오는 오토리가 아직 자신을 사랑하고 있다는 것을 확인한다. 그리고 오토리의 하얀 피부가 아까운 생각이 들어 나중에 온 가슈와 싸워 오토리와의 관계를 회복하고 그녀를 간호한다. 요시오가 사할린에 가는 날 오토리가 우에노에서 그를 배웅하는 장면에서 이야기는 끝난다.

「방랑」

3개월간 사할린에서 벌였던 사업의 실패로 빈털털이가 된 요시오는 혼자 삿포로 역에 도착해 방랑생활을 시작한다. 요시오는 오타루에서 다른 사업의 활로를 찾으면 사업회복의 자금을 마련하고 사할린에서의 실패를 회복할 수 있을지도 모른다고 생각했다.

그가 머문 곳은 메이지학원의 친구이자 삿포로 여학교의 국어와 한문교사인 아리시마 이사무의 집이었다. 한편 도쿄에 있는 요시오의 집은 사업자금으로 저당 잡히고 오토리로부터는 돈을 보내주지 않는 것을 원망하는 편지가 온다. 그때 요시오는 홋카이도 실업 잡지의 주간을 맡고 있는 독신인 효보의 집에 신세를 지고, 생활비를 벌기 위해 효보로부터 의뢰받은 잡지 원고를 쓰기도 한다. 그러나 사할린에서의 나머지 사업도 실패하고 효보가 이사해야 했기 때문에 결국 요시오는 아리시마의 집으로 가 그의 신세를 질 수밖에 없었다.

홋카이도 사업에 실패하고 아리시마와의 관계도 나빠진 요시오는 귀경할 결심을 한다. 그러나 사업 실패로 가슴이 아팠던 요시오는 고독한 마음을 위로해 주고 따뜻하게 맞아 주었던 술집여자 시키시마에게 빠진다. 그는 그녀와의 사랑에 의해 자신의 사상을 실현할 수 있을 것이라 생각하고, 따라서 도쿄에 돌아가지 않고 방랑을 계속해도 좋다고 생각한다. 그러나 어느 날 시키시마는 돈이 많은 다른 손님들 방에 가 버리고 요시오는 방에 혼자 남게 된다. 옆방에서 손님과 게이샤가 노는 소리를 들으며 요시오는 잠들지 못하고 깊은 고독을 느낀다.

「끊어진 다리」

홋카이도 유곽의 유녀 시키시마와의 연애와 그 결말이 그려지는 「끊어진 다리」는 「방랑」과 「악령」의 중간 이야기에

해당한다. 「끊어진 다리」는 「방랑」 후반의 여운이 남아 있는 속편으로, 특히 시키시마가 먼저 온 손님을 접대하는 것에 관한 요시오의 불만과 이로 인한 고독, 홋카이도 순례에서 오는 고독한 방랑자의 비애가 사실적으로 그려져 있다. 「끊어진 다리」는 홋카이도에 있는 가무이고탄(神居古潭)의 낭떠러지에 걸려있는 다리로, '다리를 지탱하고 있는 철사가 끊어지지는 않을까' 하며 불안해하는 요시오의 모습과 홋카이도에서 난관에 봉착한 요시오의 모습이 겹쳐 있다.

삿포로에서의 요시오의 생활도 가을에 접어들고 시키시마와의 사랑도 끝나려 한다. 그는 예술과 사업 모든 것을 잃은 자신의 상황을 생각하고 눈물을 흘리다가, 그러한 자기연민을 떨치기 위해 도청에서 지원되는 공비로 홋카이도 여행을 하게된다. 홋카이도 여행은 모든 계획이 좌절로 끝난 그의 마지막 희망이었다. 그는 홋카이도 원시림을 향해 여행을 계속했다. 도중에 오토리로부터 아오모리로 마중을 나와 달라는 연락이 온다. 같이 여행을 떠난 일행들은 먼저 홋카이도에 돌아가고, 혼자 여행을 하는 요시오의 고독감은 웅대한 홋카이도 원시림을 여행하면서 극에 달했다. 여행을 끝내고 삿포로에 있는 아리시마의 집에 돌아오니 오토리가 기다리고 있었다. 오토리는 입원비용을 달라고 조른다. 그는 친구인 엔도에게 빌린 돈으로 그녀를 입원시키고 병원 근처 하숙방으로 옮긴다. 삿포로까지 와서 입원한 오토리는 경제적으로도 정신적으로도 요시오를 괴롭힌다. 요시오는 시키시마를 만나러 갔지만 오토리와 같이 사랑이 없어진 것을 확인한다. 요시오는 고독한 방랑자가 된 것을 뼈저리게 느낀다.

「악령」

「악령」은 『오부작』의 끝에 해당한다. 요시오는 사업 실패와 자기 뒤를 따라온 애인과의 끝없는 싸움에 지쳐 있었다. 그때 이토 히로부미가 하얼빈에서 한국인에게 암살당했다는 호외를 접한다. 요시오는 자신의 독존자아설의 체현자로 이토를 존경했다. 요시오는 친구가 가르치고 있던 중학교에서 연설할 기회를 얻고 이토의 약력으로 시작해 자신의 사상을 이야기한다. 그러나 연설은 실패하고 요시오는 웃음거리가 된다. 화가 난 요시오는 연설을 그만두고 뛰쳐나온다. 오토리는 요시오가 정신이 이상하다는 소문을 효보에게 듣고 운다. 요시오는 그녀에게 자신에 대한 최후의 애정이 남아있는 것을 확인한다. 10월 말에 눈이 내리고 만성화되어 낫지 않는 오토리의 병은 그녀를 히스테릭하게 만든다. 같이 죽자는 그녀의 제안에 둘은 죽을 장소를 찾는다. 두 사람은 다리 하나를 죽을 장소로 정해 같이 끌어안고 어둠 속으로 뛰어들지만 다리 밑에는 물대신 굳어진 눈뿐이었다. 죽지 못하고 집에 돌아온 요시오는 밤새 자신의 생의 철학을 쓴다. 오토리도 시집을 가게 되어 두 사람은 같이 도쿄에 돌아온다. 요시오는 오토리와 헤어지는 것을 악령이 떨어져 나간 것이라며 홀가분하게 생각한다.

『오부작』 개작과정

「발전」은 아버지의 죽음에서 오는 고독한 요시오의 내면과 붕괴하는 집의 모습을, 「독약을 마시는 여자」는 처와 애인과의 삼각관계 및 애증관계에 고뇌하는 요시오의 내면을, 「방랑」은 삿포로를 배경으로 사업에 실패한 방랑자의 불안, 고통, 외로움을 그리고 있다. 또 「끊어진 다리」에는 웅대한 홋카이도를 여행하면서 인간세계에서 멀어지고 자연의 오지에서 느끼는 고독한 비애가, 「악령」에서는 정부 오토리와 자살미수에 이르기까지 요시오의 내면이 나타나 있다. 즉, 『오부작』에서는 도쿄에서 사할린, 홋카이도를 건너 다시 도쿄에 되돌아오기까지 요시오 내면에서 일어났던 변화가 주로 다루어진다.

『오부작』의 초고는 「방랑」(1910), 「끊어진 다리」(1911), 「발전」(1911), 「독약을 마시는 여자」(1914), 「악령」(1918)의 순서로 발표되었다. 이 단편들은 1919년 7월 신쵸사(新潮社)에서 개정판 『오부작』으로 출판되고, 「발전」「독약을 마시는 여자」「방랑」「끊어진 다리」「악령」의 순서로 정리되었다.

다음은 『오부작』의 성립과정이다.

1. 「방랑」: 1910년 7월에 초고 발표, 1919년 7월에 개정판 출판.
2. 「끊어진 다리」: 1911년 1월 「마이니치덴보每日電報」에 연재하다가, 동년 3월 1일 신문사가 「도쿄니치니치신문

東京日日」에 매수됨으로써 3월 2일부터 「도쿄니치니치신문」
에 연재, 3월 16일에 60회로 종료. 1919년 9월 단행본 출판.

3. 「발전」: 1911년 12월 16일부터 「오사카신포大阪新報」
에 실려 1912년 3월 25일 100회로 종료. 1912년 7월에 출
판됐으나 판매금지. 1920년 7월에 개작·삭제되어 출판.

4. 「독약을 마시는 여자」: 1914년 6월 『주오고론中央公
論』에 발표, 12월에 단행본 상권, 다음해 2월 하권 출판.

5. 「악령」: 「끊어진 다리」의 마지막 부분을 첨가해 「군
어진 눈寢雪」(『신소설』, 1912.5~1912.7.) 「가와모토씨川本
氏」(『취미趣味』, 1910.1.) 「악령」(『신쵸』 1918.5.)의 세 편을
순서대로 모아서 보완·개정. 1920년 5월 출판.

이와노 호메이는 1910년 「방랑」을 쓴 이후 1919년 『오부
작』을 완성하기까지 10년 정도의 긴 시간을 소비했다. 초고에
서 개정판 『오부작』으로 정리하기까지 오랜 개작과정을 거치
며 호메이는 이 작품에 매우 많은 정열을 쏟은 것이다.

시점의 이동

초고는 개정판 『오부작』으로 개작되는 사이 많은 시점의
변화를 보인다. 이 변화는 초고의 작품 전체가 『오부작』으로
개정될 때 일관되게 나타난 현상이다. 여기에서는 초고와 『오
부작』의 개작과정을 통해 시점이 어떻게 변하는가, 그리고 시

점이 어떻게 삭제되는가를 비교하고, 그것에 의해 작품세계가 어떻게 변화하는지 보기로 한다.

초고와 개정판『오부작』사이에는 시점의 변화가 많지만 몇 부분만을 예로 들어본다. 다음은「끊어진 다리」에서 요시오가 홋카이도에서 만난 유녀 시키시마의 묘사이다.

"그럼 하나코 씨가 있는 곳으로 가는 거죠?"라고 그녀는 원망스러운 듯이 확인한다.(초고, pp.126-127)
"그럼 하나코 씨가 있는 곳으로 가는 거죠?" 그녀의 음성은 원망스러운 듯이 들렸다.(개정판, p.313)

초고의 '그녀는 원망스러운 듯이 확인한다.'에서 화자의 시점은 여자(시키시마)에 향해 있고, 이 문장의 행위 주체는 여자이다. 그러나 개정판의 '그녀의 음성은 원망스러운 듯이 들렸다.'라는 부분에서 화자의 시점은 여자의 음성이 '들렸다'고 말하는 요시오 쪽으로 이동하고, 화자의 행위 주체 역시 여자의 음성을 듣는 요시오 쪽으로 이동해간다.『오부작』에서 여자에게 있었던 시점이 요시오로 이동하고, 여자는 서술 행위 주체로부터 배제된 것이다.

다음은 오토리에 대한 묘사이다.

오토리는 겨우 8시경에 눈을 떴다. 요시오가 없는 것을 보고 다시 일어났다. '도망갔을 것이다'라고 생각했기 때문에 가슴이 두근거린다. (중략) 병원에 갔다. 어제 저녁 이후, 어차피 또 나빠진 것이 틀림없다고 생각했지만, 오늘은 아직 진찰과 치료를 받지 않았기 때문에 조금 좋은 기분이 되었다. 그리고 자신이 없을 때에 한 통의 편지가 와 있었다. (중략) 이것을 계기로 오토리도 귀경하기로 결심했다.(초고, p.491)

오토리는 겨우 8시경에 눈을 떴다. 요시오가 없는 것을 보고 다시 일어나 '도망갔을 것이다'라고 생각했던 것 같다. (중략) 병원에 갔다고 그녀가 다시 왔을 때 나에게 웃으면서 고백했다. 그리고 계속해서 상담같이 말하는 것에 의하면 그녀가 없을 때에 한 통의 편지가 와 있었다. (중략) 이것을 계기로 오토리도 귀경하기로 결심한 것 같다.(개정판, pp.443-444)

초고에서는 "~라고 생각했기 때문에 가슴이 두근거린다."고 서술되었던 오토리의 내면이, 개정판에서는 "~라고 생각했던 것 같다."와 같이 요시오의 눈에 비친 오토리의 묘사로 바뀌었다. 여기에서 주체는 오토리에서 요시오로 변하고 있다. 또 "병원에 갔다."는 부분은 "병원에 갔다고 (중략) 고백했다."로 변하고, 오토리는 화자에 의해 직접 묘사되지 않는 대신 그녀가 요시오에게 고백함으로써 그녀가 병원에 갔다는 것을 아는 요시오의 시점을 통해 묘사된다. 또 초고의 "어제 저녁 이후 (중략) 조금 기분이 좋아졌다."는 요시오의 내면이 개정판에서는 삭제되고, 편지가 온 것도 그녀가 그에게 '말하는' 것에 의해 확실해진다. 초고의 "이것을 계기로 오토리도 귀경하기로 결심했다."가 "이것을 계기로 오토리도 귀경하기로 결심한 것 같다."로 변함에 따라 오토리가 '결심한' 것도 요시오에게 '결심한 것 같이' 보이는 방식으로 변해있다. 화자의 시점은 초고에서는 오토리에 있었지만 개정판에서는 요시오로 변해있다. 그것에 의해 서술의 주체는 오토리에서 요시오로 변하고, 오토리의 내면에 대신해서, 요시오의 내면이 그려지게 되었다.

시점의 변화와 작품세계의 변화

다음은 초고에서 시키시마를 향해 있던 시점이 개정판 『오부작』에서는 요시오에게로 이동한 부분이다.

얼굴을 들어서 여자가 한참 남자 쪽을 보니, 남자는 단지 말하지 않고 웃고 있다. 여자는 그것이 매우 귀여웠다. 그 집념이 강하고 냉혹한 남자도 이렇게 애정이 있다고 생각하면 여자는 새 가정을 가진 사람처럼 따뜻한 기분이 되어 먼 곳에 간 남편이 지금 되돌아온 것 같다.

남자는 오늘밤 이후 올지, 안 올지 모른다고 생각했기 때문에 여자가 실제로 자기를 생각하고 있는지 최후의 시험을 할 작정이다. (중략) 남자의 마음은 생각한 것 같이 역시 변해있다. 변해있는데 이쪽만이 아직 뜨거운 것 같이 생각되는 것은 싫었다.(초고, p.221)

그리고 여자가 얼굴을 들어서 한참 이쪽을 보고 있는데 요시오는 단지 말하지 않고 웃으며 생각했다— 오늘밤 이후, 올지 안 올지 모른다. 그렇지만 여자가 지금까지 보인대로 실제로 자기를 생각하고 있는지 최후로 시험하려고 생각했다.(개정판, p.380)

우선 초고의 문장들을 보자. "얼굴을 들어서 여자가 한참 남자 쪽을 보니 (중략) 지금 되돌아온 것 같다."라는 문장을 보면 확실히 여자 쪽에서 남자를 보고 있다. 여기에서 여자의 눈에 비친 남자는 "말하지 않고 웃고 있다."와 같이 서술되고, 남자의 얼굴을 보는 것은 시키시마이고 보이는 것은 요시오이다. 그 다음 문장인 "남자는 오늘밤 이후 (중략) 여자가 실제로 자기를 생각하고 있는지 최후의 시험을 할 작정이다."에서는 여자의 내면을 추측하려고 하는 남자의 내면이 그려진다. 여기에서 서술의 주체가 여자에서 남자로 변했음을 알 수 있다. 마지막 문장 "남자의 마음은 (중략) 싫었다."에서는 또 여자 쪽에서 남자의 내면을 엿보고, 서술의 주체는 남자에서 여자로 변한다. 이와 같이 초고에서는 여자에서 남자로, 남자에서 여자로 등 여자와 남자의 시점이 섞여 있다.

그러나 개정판을 보자. "여자가 얼굴을 들어서 한참 이쪽을 보고 있는데 요시오는 단지 말하지 않고 웃으면서 생각했다." 에서 '요시오는 (중략) 생각했다.'가 추가되어, 화자는 요시오를 고정하여 바라보고 있다. 초고 예의 첫 문장에서는 시키시마의 내면을 바라보고 있지만 개정판에서는 요시오의 내면을 고정하는 시점으로 바뀌고, 서술의 주체는 시키시마에서 요시오로 변한 것이다. 개정판의 "여자가 지금까지 보인대로 실제로 자기를 생각하고 있는지 최후로 시험하려고 생각했다."의 부분에서는 시점의 이동은 없으나 요시오 쪽에서 시키시마가 자신을 어떻게 생각하고 있는지 시험하려고 하는 강한 의지를 표현하는 그의 내면이 그려져 있다. 초고에서 "여자는 그것이 매우 귀여웠다. (중략) 먼 곳에 간 남편이 지금 되돌아온 것 같다."라고 나타난 여자의 내면이 개정판에서는 전부 삭제된다. 동시에 초고의 "남자의 마음은 (중략) 생각되는 것은 싫었다." 에서 요시오가 자신을 사랑하는지 의심하는 시키시마의 내면도 개정판에서는 삭제된다.

초고에서 시점은 통일되어 있지 않고 거의 시키시마를 중심으로 한 작품세계가 전개된다. 개정판에서 시점은 요시오에게로 이동하고 그를 중심으로 한 작품세계가 전개된다. 결국 호메이는 그녀에게 있었던 시점을 그의 시점으로 이동시키고, 그녀의 내면을 배제함으로써 여자의 작품세계를 남자의 작품세계로 바꾼 것이다.

배제되는 등장인물의 내면

초고 「끊어진 다리」의 많은 부분은 『오부작』으로 개작되면서 삭제되었다. 다음은 초고에서 『오부작』으로 개작되었을 때 삭제된 오토리의 내면이다.

오토리는 요시오가 작년 말까지 모 상업학교의 영어교사를 하고 있었던 것을 기억했다.(초고, p.199)

다음은 시키시마의 내면이다.

그녀는 실제 그리워서 견딜 수가 없었다. (중략) 여자는 남자 가슴에 울며 매달리고 싶은 것을 견딘다. 이것으로 마음이 풀리지 않으면 그만이라고 생각한다.(초고, p.126)

다음은 여자의 내면이다.

여자는 남자가 예상 외로 냉혹하다는 것을 생각할 여유가 생긴 것 같다.(초고, pp.129-130)

순서대로 보면, 『오부작』에는 초고에 있었던 오토리, 시키시마 등 여자들의 시점, 즉, 그녀들의 내면이 삭제되어 있다. 이와 같이 『오부작』은 주인공 요시오 이외의 인물시점으로 그려진 부분을 삭제함으로써 만들어진 작품이다. 초고에 있었던 주인공 이외의 모든 인물의 내면묘사가 삭제됨에 따라『오부작』에서는 전적으로 요시오의 내면만을 그리고 있다. 초고에 보였던 시점의 이동은 없어지고, 개정판에서는 요시오에게만 시점이 고정되어 그 이외의 타인의 시점이 들어갈 여지는 없다.

초고에서 개정판『오부작』의 변화는 요시오의 묘사가 주관적으로, 오토리의 묘사가 객관적으로 변한다는 것이다. 개정판에서는 주관적 감정이 강한 표현들이 추가되기 때문에 독자는 주인공 요시오의 내면을 깊게 이해할 수 있다. 개정판에서 화자는 요시오에게 가까워지고, 오토리로부터 멀어진다. 이러한 것은 요시오만의 주관적 감정을 표현하려 하는 작자의 의도에 의한 것처럼 보인다. 초고와 개정판을 비교해 알 수 있는 것은 개정판에서는 요시오의 주관적 감정을 추가함으로써 주인공 요시오의 그 순간의 심정을 더 강하게 나타내려 했다는 점이다. 반면 오토리의 행동은 객관화되어 나타나 있고, 따라서 요시오와 오토리와의 사이에는 거리가 생김으로써 주체와 객체의 구별이 명확해진다.

이러한 것은 작자와 요시오의 거리를 0에 가깝게 하려는 저자의 의도이고, 엄격한 시점제한이라 할 수 있다.『오부작』의 주인공 요시오에게만 고정된 인칭과 시점은 요시오만의 내면을 그리고, 다른 작중인물의 내면은 배제하는 결과를 가진다. 그렇기 때문에 개정판『오부작』에서는 요시오의 내면, 즉 그만의 세계를 볼 수 있다.

애인과의 자살소동

『오부작』에서도 『이불』과 같이 처자 있는 남자와 애인의 관계가 적나라하게 고백되고, 노골적인 편력과 연애의 끝까지도 감춘 곳 없이 대담하게 그려진다. 이 작품에는 사실과 환상의 융합이 인생이라고 하는 호메이의 주장이 표현되어 있다.

초고의 시점을 통일하고 삭제하는 등 개정판 『오부작』으로 개작함으로써 그의 작품세계는 어떻게 변했을까?

『오부작』의 클라이맥스는 요시오와 오토리의 자살미수사건이다. 이 자살사건의 장면도 『오부작』에서는 상당 부분이 개작되었다. 이 장면은 「악령」의 정점을 이루는 부분이고, 호메이가 힘을 쏟은 부분이라고 추측된다.

그러면 개정판에서의 두 사람의 자살사건 장면을 보도록 하자.

"함께 죽자."라고 말하고 나서 처음으로 소리를 내어서
"어디로 할까?"
"도요히라 강의 철교가 좋겠지." (중략)
그는, 지금 돌연 소집 명령을 받아서 죽음의 침실에서 일어난 도깨비 같다고 스스로 생각했다. 살아서 귀찮은 여자가 그로부터 멀어지는 것을 행복이라고 생각하고 죽을 장소

까지 안내할 생각이다. 천천히 생각해보면 자기가 이 여자를 버리고 도망가려고 한 것도 자신의 사상과 관계가 없어졌기 때문이다. 그런데 그 자신이 먼저 도망쳐준 것이다. 이것만큼 좋은 것은 없다. 나의 얼굴도 구름 사이로 보이는 달빛에 비추면 새파랗게 되어 있으리라.(개정판, pp.436-437)

두 사람이 다리에서 떨어져 죽으려고 하는 장면을 보면, 두 사람은 희미한 어둠 속에서 서로 안고 옛날에 관계한 이성을 생각하면서 강으로 뛰어든다. 두 사람은 강에 물이 흐르고 있다고 생각하고 뛰어들었지만 그들이 떨어진 곳은 오래 전에 내려 단단해진 눈 속이었다. 안았던 손을 떼고 일어선 둘은 눈을 턴다. 오토리는 도쿄에서 받았던 빗이 없어진 것을 알고 우는 소리를 한다. 그런데 방에 돌아와 보니 빗은 이불 옆에 굴러다니고 있었다. 연애가 끝난 남자와 여자가 함께 죽으려는 것과, 죽으려고 하는 여자가 빗을 찾는 장면 등은 매우 모순적이고 해학적인 것으로 생각된다. 또한 요시오가 오토리와 헤어지려고 하는 이유는 "그녀가 자신의 사상과 관계가 없어졌기 때문이다."라고 하는 것에서 알 수 있다. 그의 연애는 전부 자신의 사상과 관계있기 때문이다.

주인공 타무라 요시오에 있어서 문학·사상·연애는 어떤 관계에 있는가? 연인 오토리는 어떤 존재인가? 그녀는 요시오의 자기발전을 위해서 필요한 존재밖에 되지 않는다. 요시오가 오토리를 애인으로 삼은 이유에 대해서는 "그는 최근 2, 3년

동안 맨몸으로 현실에 부딪히면서 처음에 가졌던 고상한 환영
이 전부 소멸해 버렸다. 그런 생활을 하고 있다고 생각하면 곧
40에 가까운 시대를 앞서가는 자신이 불쌍하게 생각되어, 하
다못해 젊은 여자의 뜨거운 피에 접함으로써, 가버린 마음의
바다에 넘칠 듯한 메아리를 지금 한번 되돌려보고 싶은 것이
다."(개정판, p.39)라고 나와 있다. 그는 오토리라고 하는 젊은
여자의 뜨거운 피에 접함으로써, 사라진 마음의 윤택함을 되
돌려보고 싶은 것이다. 주인공에게 있어서 연애는 단지 자신
의 공허를 메우는 것에 지나지 않는다. 또 연애는 그 고독한
자아를 위로해 주고, 자신의 발전을 위해 필요한 것이다. 『오
부작』 전체를 통해서 나타난 요시오와 오토리와의 연애는 「악
령」에서 끝난다. 여기에서는 연애의 미화가 아닌, 연애의 환
멸이 그려져 있다고 할 수 있다. 이와 같은 서술방식은 여자의
시점을 배제하고 그녀에게 있었던 시점을 요시오에게 옮기는
것에 의해 강화되었다. 예를 들면 아내 지요코와 애인 오토리
는 매우 추한 여자로 그려진다.

독약 같은 여자 오토리

다음은 오토리에 대한 묘사이다.

요시오가 직접 마주 앉아서 그 얼굴을 보니 동그랗게 살
이 쪄 있고, 색깔은 눈과 같이 희지만 납작한 면적이 어딘지

모르게 느슨하고, 너무 나온 히사시 머리(앞머리를 쑥 내밀
게 빗은 것)와 옷 입은 것이 아무리 봐도 촌스럽다. 그 눈길
이 의지가 있어 보이는 것도 히사시 머리 안에서 보고 있기
때문에 단지 그렇게 보이는 것이라고 생각하면 그렇다고 할
수 있다. 또 그 하얀 눈이 조금 하늘색을 띤 것도 요시오가
보았을 때 별로 좋은 느낌은 들지 않는다.(개정판, p.33)

요시오의 얼굴에 비친 오토리의 얼굴 묘사이다. 『오부작』
의 히로인 오토리 만큼 추하게 그려진 여자도 많지 않다. 「독
약을 마시는 여자」의 그녀는 요시오의 첩이 되고 그로부터 옮
은 성병에 걸린 여자, 독약 아히산을 마시는 독약과 같은 여자
로 그려진다. 또 얼굴의 관찰은 매우 리얼하지만 아름다운 여
성이 아닌, 세련되지 못한 촌스러운 여자로 그려진다. 요시오
는 오토리에게 좋은 인상을 가지고 있지 않음에도 불구하고
오토리와 사랑에 빠지고 정부관계가 된다. 그것은 그녀가 그
의 사상적인 발전에 도움을 주기 때문이다. 그의 정직한 내면
이 더욱 잘 그려져 있는 부분은 "촌스러워도 예를 들어 못생
긴 얼굴이라도, 살이 많고 얼굴이 흰 여자를 도리 없이 친구
슈무(秋夢)에게 주는 것이 갑자기 아까워졌다."(개정판, p.36)
라는 부분이다. 자신은 그만큼 그녀에게 애정을 가지고 있지
않고, 친구에게 그녀를 넘기려고 약속했음에도 불구하고 그
약속을 깰 정직하고 노골적인 내면을 그리고 있다.

추한 아내 지요코

다음은 사랑이 없어져 버린 남편을 찾는 것에 필사적인 아내의 모습이다.

요시오는 가만히 아내 쪽을 봤다. 그리고 곧 그는 버릇처럼 손바닥으로 아내의 얼굴을 때리려고 기다리고 있었으나 맥이 풀려 버렸다. 그 여자의 얼굴이 엄청나게 무시무시하다. 그녀의 모습에는 이쪽에서 손을 올리면 곧 덤벼들 것 같고, 강하게 옆으로 다문 입이 실룩실룩 움직이는 입술에서 이겨서 자랑스러워하는 모습이 비치고 있었다.
마녀와 같은 웃음-집념 강하게 저주하는 여자-심야, 산발한 머리에 초를 3개 꽂고 입에 면도칼을 넣고 한 손에는 집 인형, 다른 손에는 망치를 가지고 야밤중에 오는 것을 상상하고 요시오는 소름이 끼쳤다. 이처럼 히스테리가 절정에 달한 여자이고 이 정도 시골이라면 아내가 오는 것도 불가능한 것은 아니라고 생각했다.(개정판, p.83)

여기에서는 남편을 빼앗긴 아내가 첩인 오토리를 저주하는 모습을 그리고 있다. 아내인 지요코를 나타내는 묘사는 '가사네'(괴담의 여주인공. 질투가 강한 못생긴 주부로, 남편에게 강에서 살해당하고, 그 원령이 일족에게 재난을 주었다.)가 원망해 죽은 얼굴, 집념 강하게 저주하는 여자, 히스테리가 절정에 달한

여자이다. 이러한 것으로 알 수 있는 것과 같이『오부작』에서
는 보통의 연애소설이나 호색소설과 같이 여자를 아름답게 묘
사하거나 이상화하지 않았다. 결국,『오부작』 전체를 통해서
애인과의 대담한 행동과 연애를 그렸지만, 여자를 보는 작자
의 시선은 일관되게 냉정하다. 자신이 사랑한 여자임에도 불
구하고 아내는 혐오감을 일으킬 정도의 히스테릭한 여자로 그
려져 있고, 오토리는 성병에 걸려 독약을 마시는 추한 여자로
그려진다.

일본의 돈키호테

개정판은 '하나의 작품세계 속에서 두 개 이상의 주관을 가
져서는 안 된다'고 하는 이와노 호메이의 묘사방법을 실현한
것이었다. 개작에 의해 여성을 보는 시선은 더욱 차가워지고
그녀들은 한층 더 추하고 히스테릭하게 그려진다. 이러한 여
자의 묘사방법은 요시오가 오직 보는 주체이고 그녀들은 오직
보이는 대상이었기 때문이다. 이것은 여성의 내면을 배제하고
오직 요시오에게만 시점을 고정하였기 때문에 생긴 결과이다.
초고에 있었던 많은 작중인물의 시점이『오부작』에서는 배제
되고, 시점은 전부 요시오에게 집중된다.『오부작』은 시키시
마와 오토리의 시점을 주인공 요시오의 시점으로 바꾸고 그녀
들의 내면을 배제하며 오직 요시오만의 시점, 요시오만의 내
면노출을 허락하고 있다. 개정판에서는 요시오가 주체적인 지

위를 점하고 있고, 자신의 생각대로 행동을 옮기는 인물로 그려진다. 요시오에게만 시점을 둔 엄격한 시점제한은 단 한 사람만의 내면 노출을 허락하고 그만의 내면을 나타냄으로써 작품을 더욱 남성적인 것으로 만드는 것이다.

『이불』은 호메이 자신의 사생활을 있는 그대로 폭로한『오부작』을 탄생시켰다. 『이불』에서는 고백에 어울리는 행동이 전혀 없고, 오로지 욕망을 억제하는 주인공만이 그려진다. 오히려 고백할 행동을 하는 것은 남자친구와 함께 육체적인 관계를 가진 후 그것을 숨길 수 없어서 고백해 버리는 여제자 요시코이다. 요시코의 대담한 행동과 고백, 그리고 요시코가 집으로 돌아간 뒤 좁은 방에서 숨어서 우는 센티멘털한 도키오의 인간상은 여자와 남자의 입장을 역전시키고 있다. 따라서 『이불』은 자유로운 시점의 이동에 의해 여성적인 작품세계를 탄생시켰다. 반면『오부작』의 주인공 요시오는 사회의 윤리와 상식에 얽매이지 않고, 자신의 욕망을 억제하지 않으며 그것을 행동에 옮기는 인간으로 그려진다. 요시오의 이러한 대담한 행동은 1910년대를 대표하는 일본의 돈키호테라고 불린다. 『오부작』에는『이불』에서 보이는 참회, 후회, 반성이 없고, 억제하는 욕망도 없다. 이러한 솔직한 요시오의 인간상은 남성적인 이야기를 만든다. 이것은 철저하게 요시오에게만 시점이 주어졌기 때문에 가능했다.

작품의 자전적 요소와 사회성의 배제

『오부작』의 주인공인 요시오의 파란만장한 생활은 실제 이
와노 호메이의 생활이기도 하다. 작품에서 문학자이고 사상가
이기도 한 다무라 요시오, 아내 지요코, 애인 시미즈 오토리의
모델은 이와노 호메이와 그의 아내 고, 애인 마쓰다 시모에이
다. 실제 『오부작』의 여주인공인 시미즈 오토리의 모델인 마
쓰다 시모에는 호메이 집에 하숙하고 있었다. 호메이와 시모
에의 관계가 깊어지자 둘은 따로 살림을 차린다. 호메이는 돈
이 필요하자 자기 집을 저당잡고 사할린에서 식품가공사업에
나선다. 그러나 사업에 전혀 경험이 없었던 동생에게 일을 맡
긴 것과 동생의 발병이 원인이 되어 호메이가 현지에 갔을 때
는 사업이 재기 불가능한 상태였다. 그는 사업부흥 자금을 마
련하기 위해 홋카이도에 건너가 방랑생활을 하지만 실패하고
동경으로 돌아온다. 이러한 배경 때문에 『오부작』은 작가의
사생활을 그린 사소설이라 평가되었다.

『오부작』은 실제 인물을 모델로 하고 또 자신의 사생활을
그렸기 때문에 사소설이라 받아들여져 왔다. 히라노 켄(平野
謙)은 "나는 이와노 호메이와 다무라 요시오를 동일인물로 보
고 조금의 차이도 인정하지 않았다. 결국 『오부작』은 위대한
사소설 또는 사소설의 원형이라고 본다."고 한다. 가와무라 지
로(川村二郎)는 "『오부작』은 말할 필요도 없이 작가 자신의
여성관계에 관여한 가정 내의 불화와, 참담한 실패로 끝난 식

67

품가공사업의 처음과 끝을 시간순서에 따라 쓴 연작이다. 부분적으로 조금 픽션이 있어도 전체가 작가생활의 거의 충실한 재현기록이라는 것은 의심할 여지가 없다."고 한다.

사소설로 발전한 일본 리얼리즘소설은 사회성의 결여라는 측면 및 현실과 허구의 동일시라는 측면에서 많은 비판을 받았다. 그렇다면 『오부작』에는 사회성과 관련된 문제가 어떻게 다뤄지고 있는지 알아보자.

『오부작』에서는 이토 히로부미의 죽음이라는 동시대의 사건이 문제가 되지만, 요시오라는 캐릭터의 골계에 의해 사회성은 옅어져 버린다. 그 자신은 자신의 사상에 진지하지만 그것을 다른 사람에게 이해시키려 하지 않는다. 요시오는 동시대의 현실을 자신과 사회문제로 확대시키려 하지 않고 항상 자신의 사상에 환원하고 있다. 아라 마사히토(荒正人)는 "호메이는 싸워야 할 사회의 실체를 더욱 공들여 써야만 했으나 그것을 하지 않았다."고 말한다. 결국 『오부작』에서 사회적인 문제로 확대되는 요소는 찾아볼 수 없다.

실생활과 예술과 사상의 일치

『오부작』은 이와노 호메이가 자신을 모델로 한 사소설이 아니라도 관계가 없었을 것이다. 그럼 왜 호메이는 충실하게 자신의 사생활을 소설로 옮겼는가? 그가 자신의 사생활을 모델로 한 이유는 '생활과 예술 그리고 사상이 합치하지 않으면

안 된다'는 신념을 가지고 있었기 때문이다. 그는 자신의 생활
이 그대로 예술이 되기를 원했고 자신의 사상과 문학을 일상
생활에서 구현하려 했다. 이와노 호메이는 자신의 사상, 문학,
행동 전부를 일치시키려고 한 일본최초의 작가였다. 호메이는
사상과 현실이 일치해야만 홋카이도, 여성, 육욕, 사상을 그릴
수 있다고 생각했다. 그가 말하는 "순간에 충실하자."는 사상
에 의하면, 그에게는 영원한 아름다운 여성도 영원한 달콤한
사랑도 없고, 그러한 것은 진실이 아니고 속임수에 불과하다.
영원한 것은 없고 순간만이 진정 중요하다는 그의 생각에서
그의 문학과 사상이 태어났다. 그리고 그는 이것을 생명적인
발전이라 생각했다.

　『오부작』 중 「발전」은 발매를 금지당한 적도 있고 에로틱
한 소설이라고 인식되었다. 『오부작』은 오토리라는 여성을 둘
러싼 연애와 성을 대담하게 묘사했지만 보통의 연애소설도 아
니고 호색소설도 아니다. 또한 『오부작』은 호메이 자신의 결
혼생활과 애인 관계 등 실생활을 모델로 한 적나라한 자기고
백이지만 일반적인 연애소설이나 호색소설에 보이는 연애와
는 다르다. 왜냐하면 그의 연애나 성욕은 모두 그의 사상적 필
요에 의해 이루어진 것이기 때문이다.

　그는 문학자로서 독자적인 사상으로 생활과 문학을 일원적
으로 통일시키려 했고, 그것을 문학뿐 아니라 실생활과도 일
치시키려 했다. 그는 일상생활 중에 자기의 감성을 수련하는
일본작가에게 반감을 가졌다. 『오부작』의 주인공은 실행하는

69

사상가이고 그의 소설은 그 실행하는 사상가의 사상과 행동을
예술적으로 구현하려 했다. 애정이 없어진 결혼을 인정하지
않는 자신의 사상에 의해 그는 애인 마쓰다 시모에와 헤어지
고 아내 고와도 별거한 후, 새로 알게 된 엔도 시즈코와 동거
한다. 그는 후년 아내를 세 번이나 바꾼 것에 대해 비난받았지
만 그 이유를 "나 자신의 발전을 위한 것"이라 하며 항의했다.
호메이의 이와 같은 행동 이면에는 '생활, 문학, 사상은 항상
공존한다'는 태도가 있었다. 호메이의 독특한 사상에 의한 창
작관은 '자신의 생활이 예술을 만든다'는 『오부작』의 독특한
작품세계를 만들었다.

사소설로 본 일본인의 정신구조

일본 자연주의는 '사실'과 '진실'을 혼동하였다

사소설의 원조가 된 『이불』은 일본 리얼리즘의 길을 왜곡한 소설로 많이 비판되어 왔다. 서구 리얼리즘을 모델로 한 일본 리얼리즘은 사회적인 소설 『파계』가 아닌, 사회성이 배제되고 오직 작가 개인의 사생활만을 문제 삼은 『이불』에 의해 그 방향이 결정되었다. 따라서 일본 리얼리즘은 서구 리얼리즘과는 전혀 다른 방향으로 발전했다.

일본의 근대 리얼리즘에 대한 대표적인 비판으로는 고바야시 히데오의 『사소설론』(1935), 나카무라 미쓰오의 『풍속소설론』(1950)이 있다. 고바야시 히데오는 "서구 리얼리즘이 충분히 사회화된 '나'를 그렸던 것에 반해 일본 리얼리즘은 그 표현기법이나 묘사방법만을 받아들였을 뿐, 사회화된 '나'라는 새로운 사상은 받아들이지 않았다."라며 비판하고 있다. 나카무라 미쓰오는 『풍속소설론』에서 일본의 근대, 근대문학의 결함의 원류가 된 것은 '일본의 근대리얼리즘이 입은 특수한 일그러짐'이라고 지적한다. 이러한 비판들은 일본 자연주의 작가, 즉 최초의 사소설작가라고 하는 사람들이 서구의 근대문학을 정확하게 이해하지 못했고 '사실'과 '진실'을 혼동한 것을 시사하고 있다. 따라서 서구 리얼리즘을 잘못 받아들인 작가에게 사소설 발생의 책임이 있다는 것이다.

그러나 최근에 기존의 비판과 다른 견해가 나왔다. 스즈키 도미는 사소설을 "작가 사생활에 충실한 있는 그대로의 묘사 또는 고백"이라 정의하고, 텍스트에 내재하는 특질로 사소설을 규명하는 것은 아니라 한다. 즉, 스즈키 도미는 사소설의 탄생에 대한 책임은 작가가 아닌 독자에게 있다고 주장한다. 그에 의하면 사소설의 핵심은 "역사적으로 구축된 지배적인 읽음과 해석의 패러다임"이고 "더구나 곧 생성력이 있는 문화 담론이 되어버린 패러다임"이다. 결국 그녀는 사소설이라 정의되는 담론의 장, 표준적인 문화사가 태어난 담론의 장의 역사적 생성에 역점을 두고, 사소설담론의 위치를 일본의 근대화라고 하는 역사적인 프로세서 가운데에 두려 했다. 스즈키 도미는 "사소설은 특정의 문학형식 또는 장르라기보다, 대다수의 문학작품이 그것에 의해 판정·기술된 하나의 문학적·이데올로기적인 패러다임이다. 결국 어떤 텍스트라도 이러한 모드로 읽으면 사소설이 되는 것이다."라고 말한다.

이러한 논의는 사소설이 작가와 독자와의 상호관련적인 관계에서 이루어지는 문학 장르라는 것을 증명해 준다.

저자의 죽음은 독자의 탄생이다

현대비평에서는 저자를 작품과 분리시킨다. 저자가 작품을 끝내는 순간부터 작품은 저자와는 독립적으로 움직인다. 그러나 사소설은 이와 달리 끊임없이 저자와 작품을 연결시킨다. 이런 점에서 사소설은 현대비평에 퇴행하는 문학양식이라 볼 수도 있다.

저자란 중세를 지나 영국의 경험주의, 프랑스의 합리주의, 종교개혁과 더불어 인격이라는 것을 발견한 후에 생산된 현대적인 인물이다. 문학 안에서 저자의 인간(persona)에 최대의 중요성을 부여한 것이 자본주의 이데올로기의 요약이고 귀결인 실증주의이다. 저자는 문학사, 교과서, 작가의 전기, 잡지의 대담 등 자신의 내적일기에 의해 그들 인간과 작품을 연결시키려는 문학가들의 의식 속에서 여전히 지배적인 위치에 있다. 일반적인 문화 안에서 발견되는 문학은 저자나 그의 생애에 집중되어 있다. 비평 또한 마찬가지다. 고흐의 작품을 그의 광기로, 보들레르의 작품을 인간 보들레르로, 차이코프스키의 작품을 그의 악덕으로 설명하는 등 작품에 대한 설명은 언제

나 작품을 만들어 낸 사람 쪽에서 모색되어 왔다.

작품 속에서 저자의 권위는 무척 강력하지만 오래 전부터 소수의 작가들은 그것을 붕괴하려고 시도해 왔다. 프랑스의 말라르메가 그 선두주자가 된다. 말라르메는 "말하는 것은 언어이지 저자가 아니다."라 하고 글쓰기를 위해 저자를 제거하려 했다. 저자는 글을 쓰는 사람 외에 다른 아무것도 아니다. 저자의 멀어짐은 현대적 글쓰기를 완전히 변모시킨다.

발자크에 의하면 아무도 그 감정을 이야기하지 않는다. 작품의 진정한 목소리를 들을 수 있는 곳은 글쓰기가 아니라 글 읽기이다. 텍스트는 기원이 아닌 목적지, 즉 작가가 아닌 독자에게 있는 것이다. 고전비평에서는 결코 독자를 다룬 적이 없다. 고전비평에서는 글을 쓰는 자 외에 문학에서 어떤 사람도 고려하지 않았다. 이제는 글쓰기의 신화를 전복시켜야 한다. 저자의 죽음은 바로 독자의 탄생인 것이다.[3]

작품에서 텍스트로

작품에서 텍스트로의 이행은 무엇을 뜻하는 것일까? 그리고 작품과 텍스트의 차이는 무엇인가? 라캉의 구별에 의하면 작품은 '책들의 공간을 차지하는 글들의 단편'이다. 텍스트는 방법론적인 영역에서 무엇인가를 도출해 낸다. 작품은 서점이나 도서관에 보이는 것이지만, 텍스트는 증명되는 것이다. 작품은 손 안에 쥐어지지만 텍스트는 언어 안에서 유지된다. 텍스트는 작업이나 생산에 의해 체험될 수 있고 그 결과물이 도출될 수 있다. 작품은 저자의 귀속을 전제로 한다. 저자는 작품의 아버지 또는 어머니이자 그 소유자로 간주된다. 문학은 작품 속의 글과 저자의 의도를 존중하라고 가르치고, 사회는 작품과 저자의 합리적인 관계를 인정한다. 이것이 저자의 권리이다. 그러나 텍스트는 아버지와 어머니의 관계라는 보증 없이도 읽혀진다. 다시 말해, 작품은 소비의 대상이라 할 수 있으나 텍스트는 작품을 소비로부터 구해내 생산과 실천으로 수용하려 한다.

오늘날에는 비평이 작품을 재생산한다. 텍스트에 대한 담론은 그 자체가 텍스트임과 동시에, 텍스트에 대한 연구 작업이다. 왜냐하면 텍스트는 어떤 언어도 방치하지 않으며 글쓰기의 실천과 더불어 성립되기 때문이다.[4]

사실을 중시하는 일본인

사소설은 작가와 독자의 상호관련적인 관계에서 이루어진다. 왜냐하면 사소설의 전제가 되는 것은 작가는 자기의 사생활을 있는 그대로 기록해야 하기 때문이다. 한편 독자는 사소설 작가의 신변적인 요소를 알고 있어야 한다. 즉, 사소설에서는 '작가=주인공'이라는 등식이 전제가 된다. 그렇다면 이러한 사소설의 배후에는 어떤 사회적, 문화적인 요소가 내재하고 있을까? 이에 대해서는 일본의 독특한 문학 장르에 속하는 사소설을 분석함으로써 일본인의 정신구조를 사회적인 맥락에서 재해석할 수 있다.

먼저 사소설의 사실성 문제를 거론하지 않을 수 없다. 사소설의 사실성이란 '작가의 실제현실과 문학작품의 관계'를 말한다. 작품은 작가가 실제 경험했던 현실을 직접 재현한다는 것을 상정하고 있다. 즉, 문학과 문학 속에 반영되는 현실과의 실제관계가 사실이어야 한다는 사소설의 전제를 독자가 납득해야만 사소설이란 장르가 성립되는 것이다. 이처럼 사소설에 있어서 '사실성'이라는 기본적 조건은 작가와 독자 사이에 놓인 일종의 암묵적인 약속이다.

사소설의 정체성은 독자의 관점에서 본 독서과정에서 만들어진다. 즉, 독자는 텍스트에 잠재해 있는 신호, 다시 말하면 주인공과 작가 사이의 유사성을 근거로 해당 작품을 사소설이라 판단한다. 예를 들어 주인공과 작가가 동일인물이라면 직업은 소설가일 것이다. 또 소설의 사건을 잘 파악하기 위해서는 작품의 배경, 작품이 현실과 어떻게 관련되어 있는가 등에 대한 지식을 얻어야 하기 때문에, 이를 위해 독자는 같은 작가의 다른 작품을 읽거나 작가에 대한 서평이나 기사 등을 통해 작가에 대한 많은 지식을 가지고 있어야 한다. 이처럼 사실성은 독자가 작품에서 서술된 현실과 실제 현실 사이의 호응관계를 상정한다.[5]

사소설작가의 '쓰고 싶어 하는 병'

현실폭로의 비애를 감수하면서도 사소설작가로 하여금 자신을 폭로하게 하는 이유는 무엇일까? 미우라 데쓰로(三浦哲郎)는 그 이유를 다음과 같이 설명한다. "내가 처음으로 소설을 쓰려고 생각했을 때 맨 먼저 떠오른 재료는 그때까지 긴 세월, 내가 남몰래 가슴앓이하고 고민해 빨리 토로해 버리고 싶어 좀이 쑤시던 것이었다. 나는 주저하지 않고 그것을 썼다." 또한 그는 자신에 대한 것을 일반적인 것으로 발전시켜 다음과 같이 말한다. "누구나 소설을 쓰기 시작할 때면 쓰고 싶어 하는 것이 목까지 가득 차 있다. '누가 이 이야기 좀 들어줘'라는 기분이 강한 것이다. 작가 자신이 말하고 싶은 것을 가장 사람들에게 전하기 쉬운 스타일, 읽어서 쉽게 알 수 있는 스타일은 역시 편지와 일기 같은 글의 문장들이다. (중략) 최초 소설은 편지문장으로 쓰였고, 비평가들은 그것이 사소설이라 생각했다."

글을 쓰는 행위는 무언가를 독자에게 전달하고 싶은 억누를 수 없는 욕구, 모든 것을 토해내고 싶은 충동에서 발현되는데, 이러한 욕구를 충족시켜 주는 가장 적절한 표현수단이 바로 일기와 편지이다. 자기 자신을 표현하기 위해 만들어진 이 양식들은 다른 어떤 것보다 그 자체를 최우선으로 하기 때문에 미적인 기능은 후퇴해버린다. 일본사회에서 이처럼 자신을 표현하고 싶은 문학적 전달의욕이 뿌리 깊은 이상 사소설은 결코 없어지지 않을 것이다.

자신을 표현함으로써 위안을 얻는다

자신을 표현하는 행위는 한 개인 작가에게 어떤 효과를 가지고 있는 것일까?『방랑기』의 하야시 후미코는 '저자의 말'에서 "『방랑기』를 쓰기 시작할 때는 뭔가를 쓰는 것 자체가 일종의 피난처였으므로 쓰는 것으로 위안을 얻었다."고 말한다.

글을 쓰는 행위는 작가의 정신위생에 도움이 되고 인생극복의 유효한 수단으로 기능한다. 자신의 문제를 문학에 옮길수 있는 것은 작가가 가진 장점이다. 그들은 글을 씀으로써 괴로움에서 구제되고 괴로움을 극복할 수 있다. 글을 쓰는 행위는 자기위로 또는 자기치유 효과가 있기 때문이다. 이에 대해 도이 다케오(土井健郎)는 "성인 일본인은 쓰는 것에 의한 커뮤니케이션 쪽이 말하는 것보다 쉽다고 생각한다. 그리고 정신의학의 측면으로 일기를 이용했던 현상은 일본 사소설의 육성과 관계가 깊다."고 지적한다.

사소설의 배출구 기능과 정신위생상의 효과는 일본인 작가의 정신분석적인 면모를 엿볼 수 있다. 미야기 오토야(宮城音弥)는 『사소설의 심리학』에서 사소설작가 전체에 대한 심리의 동질적 구조를 발견하려 했다. 그 예로 가사이 젠조(葛西善蔵)를 연구대상으로 한 그는 일본 예술가, 특히 사소설작가들에게는 정신분열의 경향이 있고 사고와 행동과 감정의 부조화, 자폐증 등 정도의 차이는 있으나 어느 정도 광기의 행동도 볼 수 있다고 했다. 이는 작가와 같은 동질적 구조를 독자 측에서도 같이 찾아 볼 수 있음을 강조한 것이다.

사소설작가들에게서 나타나는 공통적인 요소의 예로 나르시시즘narcissism을 들 수 있다. 자기도취에 빠진 작가의 특징은 모든 객관화 능력의 결여와 자기행동에의 자부심이다. 이러한 것도 일본 사회와 문화 전체를 특징짓는 '어리광(甘え, 아마에)'의 구조와 관련이 있다. 아마에는 소아의 구강단계의 특징으로 '대상에 대한 수동적 애정'과 대응한다. 그러나 이 구강단계가 통상적으로 인격형성과정에서 극복되는 서양과는 다르게 아마에의 욕구는 일본의 인격형성과정에서 약해지지 않고 계속 유지된다. 강한 나르시시즘의 요소는 아마에의 구조와 직접 관계가 있다. 이와 같이 사소설작가는 일본인의 전형적인 인격구조를 나타낸다.

자기폭로는 독자들의 칭찬대상이다

사소설작가가 자기의 치부를 폭로하면서 얻을 수 있는 것은 사적인 성질의 것이 아니다. 그들의 자기폭로는 독자들의 칭찬대상이다. 무조건적인 자기폭로는 높은 도덕적, 윤리적 평가를 획득한다. 히라노 켄은 "온 몸의 가장 아픈 곳, 사람들 눈에 드러내고 싶지 않은 수치적인 부분을 가차 없이 밝힘으로써 문학적 리얼리티를 보증한다."고 말한다.

사소설작가에게 보내는 독자의 찬사는 작가의 자기희생이다. 작가는 사소설의 핵심이 되는, '있는 그대로의 진실'을 소설 속에서 밝히면서 자기희생을 감수한다. 사소설작가는 자신의 존재를 예술에 바치고 예술을 위해서 인생을 희생하는 선택된 사람이라는 이미지를 갖는다. 그러나 그들은 결코 사회를 대상으로 싸우는 일은 하지 않는다.

도덕적 가치는 고백행위 그 자체에 있는 것이지 주위 인간에 대한 작가나 주인공의 태도에 있는 것이 아니다. 일반적으로 일본에서 고백행위는 도덕적으로 높이 평가되기 때문에 그 속에 숨어있는 중대한 문제는 자기고발자로서의 공적인 행위로 용서된다. 아라 마사히토는 "예술가가 실생활의 고뇌를 작품으로 표현하고 그러함으로써 그것을 승화하고 토한다는 일반적 원칙이 존재하지 않는 것은 아니다. 그러나 반칙反則이라는 것이 있다. 씀으로써 파멸하는 작가들도 있다. 가까운 예로 하라 다미키(原民喜), 다나카 히데미쓰(田中英光), 다자이 오사무 등도 모두 쓰는 것에 의해 파멸해 간 작가들이다."라고 말한다.

그들은 글을 씀으로써 불행한 처지를 자초했다. 다르게 말하면 불행한 처지를 표현함으로써 승화한 것이 아니고, 글을 쓰기 위해 불행한 처지를 필요로 했던 것이다. 사소설을 쓸 자격이 있는 사람은 건강, 경제, 가정, 사상 등에서 불행한 요소를 가지고 있어야 한다. 그러나 결국 그들이 쓰는 대상은 일상의 단조로움뿐이기 때문에 결국은 소재고갈이라는 사태에 직면하게 된다. 이러한 불안감을 극복하려는 작가들에게는 '불행한 생활'이라는 자기연출을 함으로써 새로운 소재를 확보하는 것 이상의 좋은 방법이 없었다. 일상생활에서 위기상황을 찾는다는 것은 사소설작가들이 결코 사적인 생활영역 바깥으로 나가지 않았다는 것을 말해준다.

때문에 사소설에 있어서 사회적 중요성을 가진 일반적인 문제는 아무런 역할도 하지 않는다. 사소설작가들은 자신들을 '사회와는 관계없이 사회 바깥에 있는 비정치적 성격을 가진 사람'으로 인식했다. 즉, 그들은 자신을 '제도화된 아웃사이더'로 인식했던 것이다. 그리고 그들은 그것을 '사회를 적으로 하여 싸운다'는 것과 동일시했다.

물론 초기 사소설작가에게 있어서 사적인 고백을 공적인 장소에서 한다는 것은 용기 있는 행동이었다. 그러나 참회의 행동은 점점 고정화되어 참회의 내용은 혼인 외 정사, 자신가족에 대한 냉담한 행동, 금전적인 문제 등으로 한정되어 독자도 소설의 끝을 뻔히 알고 있었다. 도우게 다다미치(道家忠道)의 지적을 보면 "속물적 기성도덕에 대해 일부러 반도덕적인 자기폭로를 하는 것은 작가의 용기를 필요로 하는 행동이었다. 적나라한 자기폭로의 성실함은 사소설 최고의 에토스ethos 중 하나였다. 게이샤와 노는 것, 여자를 사는 것, 처자를 버린 자유연애, 빚과 야반도주 등 보통사람 앞에서 공개할 수 없는 이야기를 공적인 장소에서 폭로하는 것은 작가의 성실함의 증거가 되었기 때문이다."

이처럼 사소설작가라고 하는 존재는 초기 사소설작가의 좁은 사적 생활영역만을 다루었기 때문에 사회를 적으로 하여 싸운 예술가라는 인식과는 거리가 멀다. 그러므로 '사소설작가나 사소설연구가들은 사회를 적으로 싸운 예술가'라는 신화는 자기변명에 지나지 않는다.

주인공에게 변화가 없다

주관적 문학으로서 사소설 장르가 가지는 특징은 소설의 화자와 주인공, 그리고 작가의 일체성 등이다. 작품세계는 사회 외적인 영향에서 격리된 1인칭 화자의 세계와 동일하다. 사회라고 하는 기본적 요소도 사소설의 주인공 세계 속에 들어가 있다. 사소설에서 결정적인 것은 주인공과 작가의 견해가 다른 누구에 의해서도 어떤 경험에 의해서도 상대화되지 않는다는 것이다. 이러한 의미에서 구조적으로 사소설은 자폐증적인 요소를 가지고 있다. 사소설은 과거에 경험한 어떤 사건과 그것을 쓰고 있는 현재의 거리를 의식적으로 좁혀서 그 사건을 경험한 주인공과 화자의 거리를 일치시키려 한다.

사소설에서는 주인공을 객관화할 수 없기 때문에 한 개인의 성숙과정을 주제로 삼지 못한다. 일반적인 소설의 서술에서는 주체가 자신에 대해 거리를 가지는 것이 전제가 되나 사소설 장르에서 이런 조건은 필요 없다. 사소설의 시간적 서술은 어떤 사건을 경험한 주인공(작가)과 그 사건을 쓰고 있는 현재 작가의 거리를 의식적으로 지운다. 작가는 자신이 체험한 상황에 깊게 몰입해 글을 써나가기 때문에 사소설에서는 순수하게 작가 자신이 체험한 장면과 상황이 시간 순으로 나열된다. 그것들을 객관적으로 분석하거나 해석하는 관점은 없다. 사소설 주인공은 같은 상황에 대해 자신의 과거를 반성하고 배우는 자세를 보이지 않는다. 자신의 잘못된 행동을 인식하기 위해서는 자신에게 거리를 두어야 하지만, 자신에게 거리를 두는 것조차 불가능한 상태에서 자신의 과거에서 배우는 것은 바라기 힘들기 때문이다. 반성이 없기 때문에 주인공은 변화가 없다. 이렇듯 텍스트의 구성과 주인공에게 변화가 없는 것은 일본의 문화코드와 연관되어 있다.

미시마 유키오(三島由紀夫)는 이 문제에 대해 "소위 일본의 리얼리즘은 적극적인 인간상을 그리기 어려운 것 같아 (중략) 처음부터 끝까지 발전이 없다."고 한다. 미시마가 말한 '소설 속 주인공에게 발전이 없는 것'은 텍스트에 그려진 주인공에게 변화가 일어나지 않는 것만을 의미하는 것이 아닌, 주인공의 사상이나 생각에 본질적인 변화가 일어나지 않는 것을 말한다. 사소설 주인공들에게서는 들어갈 때와 나올 때의 행동이 똑같이 지속되기 때문이다.

일본에서의 인격형성의 목표는 '자유로운 인격의 발전' 혹은 '자신이 책임을 지는 자율적인 개인의 인격형성'이 아니라 오히려 '자신과 세계와의 조화적인 통일, 그 속에서 세계와 인생을 있는 그대로 받아들이는 것'이다. 따라서 서양적인 의미의 인격형성과 발전을 사소설에서는 생각할 수 없다. 일본의 정신요법(森田療法)의 목표는 선의 깨달음의 경지, 즉 있는 그대로라고 지칭되는 자아와 세계의 조화상태인데, 이는 사소설에서도 나타난다. 깨달음의 체험이 생각의 변화와는 아무런 관련도 없다. 본질적으로 변화하지 않는 주인공의 성격, 그것에 대응하는 일본인의 인간상, 작가 개인의 인격에서도 동질적인 구조를 발견할 수 있다. 다시 말해 사소설에는 발전이 없고 오직 변화만 있을 뿐이다.

독자의 엿보기 취미

사소설에는 작가개인에 대한 독자의 관심을 불러일으키는 많은 요소가 포함되어 있다. 이 요소들은 작가의 사적인 요소를 일목요연하게 나타내기도 하지만 작가에 대한 전기적 지식을 이미 가지고 있지 않으면 이해되지 않는 것도 있다.

이러한 사소설은 독자의 독특한 읽기 방법에 의해 형성된다. 사소설 장르가 인기를 얻는 이유가 사소설과 관련되어 있는, 공인된 '엿보기 취미'에 있는 것은 말할 것도 없다. 이러한 엿보기 취미는 일본에서 큰 의미를 가진다. 일본처럼 TV, 신문, 잡지에서 루머나 유명인의 사생활을 화제로 많이 다루는 나라도 많지 않다. 화제의 대부분은 사람들의 소문이다. 사람들은 유명인의 사생활에 특별한 의미를 부여하고 공적인 것이 아니라는 전제하에 서로 사적인 것에 강한 관심을 보인다.

일본에서의 사적, 공적이라는 개념은 유럽에서의 그것과 다르다. 일본에서는 생활의 많은 영역이 공적인 것에서 사적인 것으로 환원되었고, 이러한 것이 사소설을 지지하는 중요한 기반이 되었다. 우노 고지는 "사소설의 매력은 그 작자의 인간성을 파헤치는 깊음이다."라고 말한다. 타인에 대한 엿보기 취미는 사소설이라는 제도를 통해 공인된 성격을 획득했고, 바로 이러한 것이 사소설 장르의 인기 비결인 것이다. 도야마 시게히코(外山滋比古)에 의하면 "타인의 '나'를 엿보는 것은 천박하지만 내가 자신을 잘 알지 못할 때는 타인인 '나'가 거울 역할을 해 준다. 자신인 '나'는 사람들에게 보여주고 싶지 않지만 타인인 내가 그것을 살짝 엿봄으로써 자신의 행동을 바르게 고치고 싶어 하는 기분이 문학작품을 읽는 독자 마음에 다소 잠재해 있다. 사소설이 재미있는 이유 중 하나도 '엿보기가 공공연하게 허락된다'는 것이다."

가이야마는 문학작품에 대해, 사람들이 그것을 자신의 인생 설계를 위한 행동지침으로 여기고 그것으로부터 조언을 얻기 위해 읽는 것이라고 생각했다. 그러나 다른 한편으로는 저자의 사생활에 대한 호기심뿐만이 아니라 일종의 유사한 친밀감을 가지기 위해 작품을 읽는 것이기도 하다. 독자는 작가의 가족구성원에 대해 잘 알고 소설 속에서 그를 처음 만났을 때 "아, 누구누구네!"라고 알아차린다. 이러한 사적인 인간관계가 작가와 독자 사이에 있다고 사소설은 규정한다.

주인공과의 자기동일화

사소설 읽기에 독자가 쉽게 빠져드는 이유는 작품의 화자나 그 속에 나타난 저자 속에 쉽게 자기를 동일화하기 때문이다. 사소설작가, 주인공, 독자는 동질적 구조를 가지고 있고 그 속에 독자는 쉽게 침투된다. 그러나 자기를 동일화하는 것에도 조건이 있다. 독자에게 동일화할 상대를 선택할 권리가 있다는 것이 그것이다. 사소설 주인공은 자신과 비슷한 처지에 있으나 자기보다 불행해야 한다. 독자는 자기와 같은 문제를 가진 인간과 만났다는 감정, 그리고 비슷한 운명의 주인공에게 자기동일화가 가능하기 때문에 사소설에 빠진다.

이러한 자기동일화가 가능한 것은 사실성에 그 근거가 있다. 사소설의 조건은 '작가가 진짜를 그려야 한다'는 것이다. 사소설의 가장 중요한 판단 기준 중 하나는 '사소설이 있는 그대로의 진실을 그려야 한다는 원칙을 지켰는가'이다. 이때의 진실은 구성요소인 사실성에 기인하는 것으로, 독자가 전제하는 현실과 문학적 현실 사이의 모방적 관계에서 정의된다. 일본 독자에게 사실성이란 '소설 속에 그려진 사건이 실제로 일어난 것'이다. 독자들은 '작가는 사실에 충실할 것'이라는 점을 매우 신뢰한다.

사소설의 예술적 가치와 그 사실성 사이에는 밀접한 관련이 있다. 우연하게 작품이 실제 사건에 의거하고 있다는 것을 안 이후 그것에 대해 호감을 갖게 되었다는 수용자의 발언이 그것을 뒷받침하고 있다.

사소설 전통은 일기와 수필문학에서 찾을 수 있다

사소설과 일본문학의 전통에 대해 가토 슈이치(加藤周一)는 다음과 같이 말한다.

일본문학 전통에서 대표적인 두 개의 조류가 『만요슈万葉集』로 시작되는 단가와 『하루살이 일기蜉蝣日記』에서 시작해 에도시대 일기와 문학에까지 이어지는 일기문학에 의해 만들어졌다는 것에 대해서는 논의의 여지가 없다. 그러면 메이지유신 이후에 이 두 개의 조류는 어떻게 되었나? (중략) 자연주의 소설가들은 사소설을 쓰는 것에 의해 무의식중에 『하루살이 일기』에 되돌아가 버린다. 오히려 그들 존재는 『만요슈』『하루살이 일기』의 시대 이후 일본문학에 미친 외국의 영향이 거의 소멸된 사태가 있다는 것을 시사한다.

가토는 사소설문학의 전통을 그것이 일기문학의 가장 오래된 형태, 천 년 전 헤이안 시대의 귀족여성이 쓴 『하루살이 일기』와 가지는 관계에서 찾고 있다. 그리고 사소설작가는 무의식중에 일기문학에 되돌아왔다는 것을 시사한다.

사소설의 전통성은 단순한 문학내적인 현상으로 설명할 수 있는 문제가 아니고, 문화적인 코드에서 시대를 뛰어넘어 타당성을 가지는 몇 개의 요소를 관련시켜야만 설명이 가능하다. 그렇다면 왜 사소설과 일기문학을 관련짓는 것일까? 일본에서 일기문학은 여러 가지 개인적 체험을 계속해서 기록하는 형태의 문학 장르이다. '일기日記'라고 하는 말의 통상적인 사용에서 알 수 있듯이 저자는 날짜와 시간을 기록하고 자신의 생활을 규칙적으로 메모한다. 유명한 일기문학 작가의 특징은 아주 사적인 생활영역의 서술 안에 한정된다. 또한 수필문학은 일기에 비해 구조적으로 느슨하다. 수필문학의 특징은 신변잡기적인 것이라는 점이고, 이러한 것은 일기문학에서도 비슷하다.

사적인 생활영역에서 중요하다고 생각되는 것은 결혼보다 연애이고, 공공의 생활보다 가정생활이다. 따라서 일기문학과 수필문학, 사소설과의 공통점은 사회에 등을 돌리고 은자와 같은 태도를 취했다는 점이다. 사소설, 수필문학, 일기문학은 '진실이 아닌 것'과 '허구'를 배제하고 '진실'과 '사실'을 추구했다. 이러한 진실을 중시하고 허구를 도외시했던 천 년 전의 일기문학의 전통이 사소설로 계승된 것이다.

현실을 회피한 도망노예

메이지 말기부터 다이쇼 시대까지 걸쳐 일본근대문학이 완성에 도달했을 때 사소설은 문학의 왕좌를 차지하고 있었다. 당시 사소설은 최고의 이상적인 작품형식이자 동시에 가장 많은 걸작을 낳은 문학형식이었다. "나는 그 사소설이란 것을 문학, 즉 산문예술의 진정한 의미에서의 근본이고 본도이며 진수라고 생각한다."고 한 구메 마사오의 글이 당시의 문단을 대변한다. 메이지 시대에 다야마 가타이가 쓴 『이불』이 많은 결함을 가지고 있음에도 불구하고 다이쇼 시대 작가들이 그 형식을 답습하거나 그 연장선상에서 작품을 썼다는 것은 기이한 현상이다. 또한 『이불』이 근대소설을 왜곡시켰고 일본문단의 큰 불행이었다는 등의 많은 비판을 받았음에도 불구하고 사소설은 동시대인의 관심과 모방을 부르고 오늘날까지 그 명맥을 유지하며 일본문단에서 큰 비중을 차지하고 있는 문학장르이다.

작가의 실생활을 있는 그대로, 사실적으로 표현한다는 일본의 사소설은, 소설이 허구나 상상력의 구축물이라고 간주된 서구와는 완전히 다른 개념에서 성립되었다. 따라서 '현실이 곧 소설이 된다'는 사소설은 많은 논란을 불러 일으켰다. 픽션이 소설의 골격임에도 불구하고 사소설은 스스로 소설의 무기를 버렸다는 비판, 일본의 독특한 장르라고 문단이 자화자찬한 사소설이 소설형태로서는 약점 투성이라는 비판도 있었고, 또 멸망의 문학, 파멸자의 문학이라고도 불렸다. 이러한 많은 논란은 사소설을 좋아하든 좋아하지 않든, 사소설이 일본 문학 전통의 핵이고 원형이기 때문에 발생한 것이다.

일본 사소설은 사실을 숭상하고 허구를 배척하는 일본이라는 특수한 사회 속에서 탄생했다. 사소설의 자전적 성격, 이야기식 조형에 대한 반발은 소설기법이 후진적이어서가 아니라 현실의 생활기반을 중시하는 일본인들의 본능적인 감정에서 나온 것이라고 보아야 한다. 즉, 픽션을 외면하는 작품의 배후에는 현실의 기반 없이 현실을 재현하는 것은 불가능하다는 것을 느낀, 작가의 본능적인 회피가 있었을 것이다. 그리고 일본인 독자들이 감동하는 문학은 원칙적으로 작위된 것이나 관념화된 것으로부터 나오지 않고 경험한 생활, 사실로 확인된 일로부터 나온다고 생각된다.

사소설작가의 정치적 무관심도 예속을 강요하는 현실의 힘 때문에 가능했을 것이다. 이토 세이가 사소설작가를 '사회에서 문단으로 도망한 일본의 도망노예'라고 한 것은 설득력을 갖는다. 그는 현실에서 도망쳐서 현실의 자기입장을 무에 두고 행하는 문학을 지극히 일본적인 방법이라 했다. 일본의 작가 중에는 무산자無産者 출신이 많았고 문사는 배우 등과 같이 저속하고 비천한 존재였다. 특히 일본 사소설 작가들 중에는 가난한 지방출신이 많았다. 유산계급자였던 나쓰메 소세키나 모리 오가이는 비교적 나은 생활조건과 사회에서 신사紳士라는 지위를 유지하기 위해 고백적인 자전을 억제해야만 했다. 겨우 먹고 살 수 있었던 사소설작가는 가면도 필요로 하지 않았고 집착할 속세도 갖지 못했다. 그들은 출발시점부터 잃어버릴 것이 아무것도 없는 '생활 실격자'였다. 픽션은 우스운 것이었다. 픽션은 신사들이 외출할 때 입는 연미복과 같은 것이었으니, 도망노예에게 외출복은 필요 없었다.

현실과 사회에 투쟁하지 않는 자는 현실에 굴종하는 통속작가가 되든가 무관심파가 된다. 일본문학에서 사회적 성격과 정치적인 관심은 신기하리만치 나타나지 않는다. 근대문학의 이러한 성격은 일본문학의 전통 속에서도 찾을 수 있다. 과거에 현실을 포기했던 실천적인 작가들, 출가하여 작은 암자에서 생활한 와카和歌(일본 고유의 정형시) 작가 가모노 조메이(鴨長明), 전국 각지를 유랑하며 시를 쓴 마쓰오 바쇼(松尾芭蕉)가 그들이다. 그들은 일본의 사회제도 속에서 탈출하여 현실의 권력과 연결되어 있는 사회를 버리고 유랑하거나 산 속에 숨어 살았다. 일본 사소설작가의 현실사회 도피도 이들 선인과 무관하지 않았을 것이다.

다야마 가타이의 『이불』의 영향하에서 배출된 많은 사소설들은 전부 작가의 자전적인 요소를 그 소재로 하였다. 『이불』의 모델이 실제 가타이와 가타이 집에 기숙한 여제자였던 것처럼, 시마자키 도손의 『신생』은 아내와 사별하고 조카를 임신시키게 된 전후의 이야기를 토로한 고백소설이고, 이와노 호메이의 『오부작』은 가정의 파괴라는 현실 위에서 성립되었다. 다이쇼 시대의 사소설적 전통의 마지막을 장식하는 사람으로 간주되는 다자이 오사무의 『인간실격』도 인간으로서의 자격을 잃어가는 자신을 모델로 한 것이라 할 수 있다.

그들은 사소설을 쓰기 위해 실생활에서 작중인물로 변신하지 않으면 안 되었다. '현실이 곧 예술'이라는 사소설의 방식은 예술을 관철하기 위해 현실을 희생으로 삼지 않을 수 없었다. 한 편의 작품을 완성하기 위해 작가는 그 생활을 제재로 삼아 일상생활에서 작중인물로 변신하지 않으면 안 되는 가치전도가 이루어지는 것이다. 이것이 사소설 방식의 한계점이었다. 사소설작가의 경우, 예술가 생활의 지속과 평화로운 가정생활은 일치하지 않는다. 가정의 평화는 예술가의 정열을 침체시켰고, 가정의 위기라는 희생물이 있어야만 뛰어난 작품을 완성시킬 수 있었다. 다야마 가타이, 시마자키 도손, 이와노 호메이, 다자이 오사무는 예술과 가정의 양자택일에서 전자를 택했다. 다자이 오사무는 실로 그런 희생자였다. 약물중독과 네 번의 자살시도를 한 다자이 오사무에게 정상적인 생활은 이상한 것이었다. 결국 다자이 오사무는 죽음으로 그 모순을 해결했던 것이다.

주

1) 三谷邦明 編, 『近代小說の「語り」と言說』』, 有精堂, 1996, p.28.

2) 田山花袋, 『定本花袋全集』 第1卷, 臨川書店, 1993, pp.547-548. 이하 『이불』의 인용은 이 전집에서 인용된 것임.

3) 롤랑 바르트, 김희영 옮김, 『텍스트의 즐거움』, 동문선, 1997. 참조.

4) 같은 책 참조.

5) イルメラ·日地谷ーキルシュネライト著, 三島憲一訳, 『私小説 ―自己暴露の樣式―』, 平凡社, 1992. 참조. 이하의 부분은 이 책을 참조로 한다.

참고문헌

롤랑 바르트, 김희영 옮김, 『텍스트의 즐거움』, 동문선, 1997.

안영희, 「한일근대소설에 나타난 고백체 담론의 전개 -다야마 가타이·이와노 호메이·김동인」, 『한국근대문학과 일본』, 소명출판, 2003.

_____, 「이와노 호메이 「끊어진 다리斷橋」의 개작」, 『日本語文學』 23, 2003.10.

_____, 「『이불』과 일본 자연주의」, 『日本語文學』 24, 2004.2.

_____, 「한일근대소설에 나타난 소설담론과 묘사이론 -다야마 가타이·이와노 호메이·김동인」(日韓近代小說における小說言說と描寫理論 -田山花袋·岩野泡鳴·金東仁), 동경대학대학원 박사학위논문, 2005.5.

에리히 아우얼바하, 김우창 외 옮김, 『미메시스』, 민음사, 1979.

이토 세이 외, 유은경 옮김, 『일본 사소설의 이해』, 소화, 1997.

小林秀雄, 「私小說論」, 『小林秀雄全集』 第3卷, 新潮社, 1968.

中村光夫, 「風俗小說論—近代リアリズム批判」, 『中村光夫全集』 第7卷, 筑摩書房, 1972.

イルメラ·日地谷ーキルシュネライト 著, 三島憲一 訳, 『私小說 -自己暴露の樣式』, 平凡社, 1992.

鈴木登美 著, 大內和子·雲和子 訳, 『語られた自己 -日本近代の私小說言說』, 岩波書店, 2000.

Fowler, Edward., *The Rhetoric of Confession: Shishosetsu in Early Twentieth -Century Japaness Fiction*, University of California Press, 1988.

일본의 사소설私小說

펴낸날	초판 1쇄 2006년 5월 22일
	초판 2쇄 2013년 7월 31일

지은이	**안영희**
펴낸이	**심만수**
펴낸곳	**(주)살림출판사**
출판등록	1989년 11월 1일 제9-210호

주소	경기도 파주시 문발동 522-1
전화	031-955-1350 팩스 031-624-1356
기획·편집	031-955-4662
홈페이지	http://www.sallimbooks.com
이메일	book@sallimbooks.com

ISBN	978-89-522-0511-7 04080

376 좋은 문장 나쁜 문장

eBook

송준호(우석대 문예창작학과 교수)

어떻게 좋은 문장을 쓸 수 있을 것인가? 우선 좋은 문장이 무엇이고 그렇지 못한 문장은 무엇인지 알아야 할 것이다. 대학에서 글쓰기 강의를 오랫동안 해 온 저자가 수업을 통해 얻은 풍부한 사례를 바탕으로 문장교육을 제대로 받지 못한 독자들에게 좋은 문장으로 가는 길을 제시하고 있다.

051 알베르 카뮈

eBook

유기환(한국외대 불어과 교수)

알제리에서 태어난 프랑스인, 파리의 이방인 알베르 카뮈에 대한 충실한 입문서. 프랑스 지성계에 혜성처럼 등장한 카뮈의 목소리는 늘 찬사와 소외를 동시에 불러왔다. 그 찬사와 소외의 이유, 그리고 카뮈의 문학, 사상, 인생의 이해와, 아울러 실존주의, 마르크스주의 등 20세기를 장식한 거대담론의 이해를 돕는 책.

052 프란츠 카프카

eBook

편영수(전주대 독문과 교수)

난해한 글쓰기와 상상력으로 문학사에 커다란 발자취를 남긴 카프카에 관한 평전. 잠언에서 중편 소설 「변신」 그리고 장편 소설 『실종자』와 『소송』 그리고 『성』에 이르기까지 카프카의 거의 모든 작품에 대한 해석을 담고 있다. 또한 이 책은 카프카의 잠언과 노자의 핵심어인 도(道)의 연관성을 추적하는 등 새로운 관점도 보여 준다.

271 김수영, 혹은 시적 양심

eBook

이은정(한신대 교양학부 교수)

힘과 새로움으로 가득 차 있는 김수영의 시 세계. 그 힘과 새로움의 근원을 알아보고 지금까지와는 다른 새로운 독법으로 그의 시 세계를 살펴본다. 그와 그의 시에 대해 깊은 애정을 가진 저자는 김수영의 이해를 위한 충실한 안내자 역할을 자처한다. 김수영의 시 세계를 향해 한 발 더 들어가 보고자 하는 독자들에게 유익한 책이다.

369 도스토예프스키

박영은(한양대학교 HK 연구교수)

『카라마조프가의 형제들』과『죄와 벌』로 유명한 러시아의 대문호 도스토예프스키. 그의 작품에 등장하는 생생한 인물들은 모두 그의 힘겨웠던 삶의 경험과 맞닿아 있다. 한 편의 소설 같은 삶을 살았으며, 삶이 곧 소설이었던 작가 도스토예프스키의 생의 한가운데 서서 그 질곡과 영광의 순간이 작품에 어떻게 드러나는지를 살펴본다.

eBook

245 사르트르 참여문학론

변광배(한국외대 불어과 강사)

사르트르의『문학이란 무엇인가』에서 전개된 참여문학론을 소개하면서 억압받는 자들을 위한다는 기치를 높이 들었던 참여문학론의 의미를 성찰한다. 참여문학론의 핵심을 이루는 타자를 위한 문학은 자기 구원의 메커니즘에 문제가 생겼을 때 이 문제를 해결하고, 그 메커니즘을 보충하는 이차적이고도 보조적인 문학론이라고 말한다.

eBook

338 번역이란 무엇인가

이향(통역사)

번역에 대한 관심이 날로 늘어 가고 있다. 추상적이거나 어렵게 느껴지는 번역 이론서들, 그리고 쉽게 읽히지만 번역의 전체 그림을 바라보기에는 부족하게 느껴지는 후일담들 사이에 다리를 놓는 이 책은 번역의 이론과 실제를 동시에 접하여 번역의 큰 그림을 그리고자 하는 독자들에게 안성맞춤이다.

eBook

446 갈매나무의 시인, 백석

이숭원(서울여대 국문과 교수)

남북분단 이후 북에 남았지만, 그를 기리는 많은 이들의 노력으로 백석은 현재 우리나라에서 가장 주목받는 시인 중 한 사람이다. 이 책은 시인을 이해하는 많은 방법 중 '작품'을 통해 다가가기를 선택한 결과물이다. 음식 냄새 가득한 큰집의 정경에서부터 '흰 바람벽'이 오가던 낯선 땅 어느 골방에 이르기까지, 굳이 시인의 이력을 들춰보지 않더라도 그의 발자취가 충분히 또렷하다.

eBook

053 버지니아 울프 살아남은 여성 예술가의 초상 eBook

김희정(서울시립대 강의전담교수)

자신만의 독창적인 글쓰기 방식을 남기고 여성작가로 살아남는
다는 것이 어떤 의미를 갖는지를 보여 준 버지니아 울프와 그녀의
작품세계에 관한 평전. 작가의 생애와 작품이 어우러지는 지점들
을 추적하는 방식으로, 모더니즘 기법으로 치장된 울프의 언어 저
변에 숨겨진 '여자이기에' 쉽게 동감할 수 있는 메시지들을 해명
한다.

018 추리소설의 세계

정규웅(전 중앙일보 문화부장)

추리소설의 역사는 오이디푸스 이야기까지 거슬러 올라간다. 저
자는 고전적 정통 기법에서부터 탐정의 시대를 지나 현대에 이르
기까지 추리소설의 역사와 계보를 많은 사례를 들어 재미있게 설
명하고 있다. 추리소설의 'A에서 Z까지', 누구나 그 추리의 세계로
쉽게 빠져들게 하는 책이다.

199 디지털 게임 스토리텔링 eBook

한혜원(이화여대 디지털미디어학부 교수)

디지털 시대의 새로운 이야기 양식을 소개한 책. 디지털 패러다임
의 중심부에 게임이 있다. 이 책은 디지털 게임의 메커니즘을 이
야기 진화의 한 단계로서 설명한다. 게임의 역사에 있어서 중요한
패러다임의 변화, 게임이라는 새로운 지평에서 펼쳐지는 새로운
이야기 양식에 대한 분석 등이 흥미롭게 소개된다.

326 SF의 법칙

고장원(CJ미디어 콘텐츠개발국 국장)

과학의 시대다. 소설은 물론이거니와 영화, 애니메이션, 만화, 게
임 등 온갖 형태의 콘텐츠가 SF 장르에 손대고 있다. 하지만 SF
콘텐츠가 각광을 받고 있는 것에 비해 이 장르에 대한 깊이 있는
이해를 도울 만한 마땅한 가이드북이 존재하지 않는다. 이 책은
이러한 아쉬움을 채워주기 위한 작은 출발점이 될 것이다.

eBook 표시가 되어있는 도서는 전자책으로 구매가 가능합니다.

(주)살림출판사

www.sallimbooks.com

주소 경기도 파주시 문발동 522-1 | 전화 031-955-1350 | 팩스 031-955-1355